TOM VATER

Meine Lieblingsorte

Wat Plai Laem [E6] ㉑
วัดปลายแหลม

Grandios, kitschig, farbenfroh – dieser buddhistische Tempel mit starkem chinesi[illegible]schen Einfluss im Nordost[illegible] jederzeit einen Besuch wert[illegible] lachender Buddha, eine 18[illegible] weiße Guan Yin (eine von Ch[illegible] Göttin) und eine prunkvolle [illegible] einem kleinen See: eine rasa[illegible] aus Religion und Disneyla[illegible]).

002ks Abb.: ath

Ang-Thong-Meeresnationalpark ㊲
อุทยานแห่งชาติหมู่เกาะอ่างทอง

41 kleine Inseln, glasklares Wasser und keine Bungalows – nur 25 Kilometer von Ko Samui entfernt liegt diese göttliche und geschützte Inselgruppe, perfekt für Tagesausflüge, auch für Familien. Schnorcheln und Kajaktrips sowie kurze Wanderungen stehen auf dem Programm (s. S. 49).

001ks Abb.: ath

Haad Rin Nok [E4] (51)
หาดริ้น

Der Partystrand Asiens. Einmal im Monat findet am Südostzipfel Ko Phangans die weltbekannte Full Moon Party statt, zu der sich zwischen 5000 und 15.000 meist junge Leute unter den Sternen versammeln und durch die tropische Nacht tanzen. Für viele Besucher Asiens ist diese Veranstaltung ein Höhepunkt der Reise (s. S. 64).

003ks Abb.: ath

004ks Abb.: ath

Chumphon Pinnacle [af]
กองหินชุมพร

Mit das beste Tauchrevier im Golf von Thailand. Wer Glück hat, trifft hier den harmlosen, aber gigantischen Walhai. Auch einige Bullenhaie schauen gelegentlich vorbei sowie Zackenbarsche und Schwärme von Barrakudas – sie machen die unter der Wasseroberfläche liegenden Felsen zum Ausflugsziel für die Taucher von Ko Tao (s. S. 13).

Insel|Trip

Liebe Grüße ...

... von den Na-Muang-Wasserfällen 1 & 2
น้ำตกหน้าเมือง ๑ และ ๒

Die schönsten Wasserfälle auf Ko Samui sind für alle Strandmüden nach einem zwei Kilometer langen Marsch durch dichten Dschungel im Süden der Insel zu erreichen (s. S. 45).

... vom Phra Yai/Big Buddha
วัดพระใหญ่

Die 12 Meter hohe goldene Buddhafigur ist im Südosten Ko Samuis in der Bucht Bang Rak auf der kleinen Insel Ko Faan zu finden. Sie ist die größte und daher meistbesuchte Buddhastatue der Insel. Der Ausblick über die Bucht ist vor allem am frühen Abend sehr stimmungsvoll. Man kann sie über einen aufgeschütteten Weg erreichen (s. S. 35).

... vom Nachtmarkt in Thong Sala
ตลาดกลางคืนทองศาลา

Auf dem allabendlichen Markt in der Hauptstadt Ko Phangans ist immer etwas los. Neben der üblichen Auswahl an thailändischen Standardgerichten sowie ein paar Ständen, die frische Obstsäfte, internationale Gerichte und Kuchen bieten, ist der Night Market auch ein Ort, an dem sich die jungen und schönen Party-Menschen gerne blicken lassen (s. S. 53).

... von Haad Sai Daeng
หาดทรายแดง

Ein ruhige Bucht im Südosten Ko Taos, der ein Korallenriff vorgelagert ist. Einer der besten Orte, um zu schnorcheln – gelegentlich verirren sich sogar ein paar Riffhaie hierhin. Und der Blick auf Shark Island, der Bucht vorgelagert, ist einmalig (s. S. 83).

Ko Samui, Ko Phangan, Ko Tao

Kristallklares Wasser, endlose Sandstrände, freundliche Menschen, eine bunte Traveller-Subkultur und Preise für jedes Budget. Was will man mehr im Urlaub? Seit knapp 20 Jahren reise ich immer wieder zu den drei Inseln im Golf von Thailand – Ko Samui, die große Urlaubsinsel mit den besten Stränden, Ko Phangan, Asiens Partyinsel, die mehr ruhige Ecken hat, als man glaubt und im Zentrum auch noch mit ein bisschen Dschungel aufwartet, und die kleinere, bergige und von Korallenriffen gesäumte Insel der Schildkröten, Ko Tao, wo jährlich um die 60.000 Taucher ausgebildet werden. Jedes dieser drei fantastischen Reiseziele hat eine ganz eigene Identität, ein eigenes tropisches Flair und auch eine ganz eigene Erfahrung mit dem Tourismus gemacht.

Ko Samui ist ein wirklich paradiesisches Urlaubsziel, hier steht die Erholung im Zentrum und man bewegt sich zwischen Sandstrand, Thai-Massage, gegrillten Meeresfrüchten und dezenten Boutique Resorts – immer von unzähligen Kokosnussbäumen umgeben.

In **Ko Phangan**, einst Hippiehochburg, findet man neben der Full Moon Party auch ruhige Ecken – ich liebe vor allem den bergigen Nordosten der Insel und die Gegend um das Fischerdorf Chalok Lam, wo man in den Inselalltag eintauchen kann.

Ko Tao hat weniger Straßen als die größeren Geschwister, die Infrastruktur ist auf das Schnorcheln und Tauchen zugeschnitten. Das Landschaftsbild – bewaldete Bergzüge, die an die Rücken schlafender Drachen erinnern, und wunderschöne Buchten, in denen ich in der Tat schon einen Walhai gesehen habe – sind allerdings schon Grund genug vorbeizuschauen.

Der Autor

Schriftsteller und Asienexperte **Tom Vater** lebt seit mehr als 10 Jahren in Thailand. Allerdings erkundete er schon in den frühen 1990er-Jahren die Inseln im Golf von Thailand. Seine Artikel erscheinen vor allem im Asia Wall Street Journal, aber auch in Merian. Der REISE KNOW-HOW Verlag hat einige Titel von Tom Vater zum Thema Reisen in Asien herausgegeben, zudem arbeitet er als Bangkok-Experte der englischen Zeitung The Daily Telegraph. Tom Vater ist Mitbesitzer von Crime Wave Press, einem Verlag, der ausschließlich Krimis aus Asien veröffentlicht – mehr Infos unter www.tomvater.com.

Die Fotografin

Aroon Thaewchatturat arbeitet seit 10 Jahren im südostasiatischen Raum. Ihre Bilder erscheinen in Publikationen wie Time Magazine, Wall Street Journal und Merian. Für ihre Rolle als Produzentin für die „60 Minutes"-Dokumentation von CBS erhielt sie einen Emmy Award. Drei ihrer Fotobücher sind im REISE KNOW-HOW Verlag erschienen. Ihr Buch *Sacred Skin* (www.sacredskinthailand.com), das Thailands heilige Tätowierungen zum Thema hat, ist ein regionaler Bestseller. Weitere Infos unter www.aroonthaew.com.

INSEL|TRIP
Ko Samui, Ko Phangan, Ko Tao

Inhalt

Meine Lieblingsorte	1
Liebe Grüße …	2
Der Autor, Die Fotografin	3
Benutzungshinweise	7
Impressum	8

Der Archipel im Überblick   9

Einführung	10
Wassersport und Outdooraktivitäten	11
Auf dem Weg zu den Inseln	16
❶ Chumphon ★★	16
❷ Surat Thani ★	19

Ko Samui   23

Der Westen   25

❸ Ban Nathon ★	25
❹ Büffelkampfarena ★	26
❺ Hin-Lad-Wasserfall ★	26
❻ Thong Yang, Haad Taling Ngam, Haad Phangka ★★	27
❼ Schlangenfarm ★	28
❽ Paradise Park Farm ★★	28
❾ Wat Kiri Wongkaram ★★	28

Der Norden   30

❿ Ao Bang Po ★★	30
⓫ Mae Nam ★★	31
⓬ Canopy Adventures ★★★	31
⓭ Haad Bo Phut ★★★	32
⓮ Samui Gokart ★★★	32
⓯ Samui Crocodile Farm ★	32
⓰ Monkey Theatre ★	33
⓱ Samui Waterball ★★	33
⓲ Big Buddha Beach (Hat Bang Rak oder Wat Phra Yai) ★★	35
⓳ Big Buddha (Phra Yai) ★★★	35
⓴ Haad Choeng Mon, Haad Thong Sai, Haad Thong Son ★★	36

◁ *Langschwanzboot vor Ko Tao (Foto: 009ks ath)*

㉑ Wat Plai Laem ★★★	37
㉒ Fußball-Golf ★★	37

Der Osten   38

㉓ Chaweng Yai ★★★	38
㉔ Chaweng Box Stadion ★★	38
㉕ Bungee Jump ★★	40
㉖ Chaweng Noi ★★★	42
㉗ Lamai ★★	43
㉘ Muay Thai Box Stadion ★★	43
㉙ Frauenboxen ★	43
㉚ Coco Splash Waterpark ★★	43
㉛ Samui Aquarium und Tiger Zoo ★	43
㉜ Samui Namuang ATV Park ★★	44

Der Süden   47

㉝ Ao Thong Krut ★★	47
㉞ Wat Khunaram ★★	48
㉟ Ao Bang Kao ★★	48
㊱ Magic Alambic Rum Distillery ★★★	48
㊲ Ang-Thong-Meeresnationalpark ★★★	49

Ko Phangan   51

Der Westen   53

㊳ Thong Sala ★★	53
㊴ Nachtmarkt von Thong Sala ★★★	53
㊵ Ao Nai Wok ★★	55
㊶ Ao Wok Tam ★★	55
㊷ Ao Si Thanu ★★	57
㊸ Hat Yao und Hat Salad ★★	57
㊹ Mae Hat ★★★	59

Der Norden   59

㊺ Ao Chalok Lam ★★	59
㊻ Hat Kuat ★★	60

Der Osten   61

㊼ Ao Thong Nai Pan ★★★	61
㊽ Than-Sadet-Nationalpark ★★★	62
㊾ Than Sadet ★★★	62
㊿ Hat Yuan und Hat Thian ★★★	63

Der Süden 63

- **51** Haad Rin Nok (Sunrise Beach) ★★★ 64
- **52** Haad Rin Nai (Sunset Beach) ★★★ 66
- **53** Ao Ban Khai ★★ 67
- **54** Ban Tai ★★★ 67

Ko Tao 71

Der Westen 72

- **55** Mae Haad ★★ 72
- **56** Haad Sai Ri ★★★ 77
- **57** Der Walhai ★ 77
- **58** Haad Sai Nuan
  und Laem Je Ta Kam ★★★ 79

Der Norden 81

- **59** Ao Muang ★★★ 81

Der Osten 81

- **60** Ao Hin Wong und Laem Thian ★★★ 81
- **61** Ao Tanot ★★ 82
- **62** Haad Sai Daeng ★★★ 83
- **63** Ao Thien Ok ★★★ 84
- **64** Ao Chalok Ban Kao ★★ 85

Die Inseln erleben 87

Feste und Folklore 88
Kulinarische Entdeckungen 88
Shopping 94
Natur erleben 96
Von den Anfängen bis zur Gegenwart 98

Praktische Reisetipps 101

An- und Rückreise 102
Ausrüstung und Kleidung 102
Autofahren 103
Barrierefreies Reisen 104
Diplomatische Vertretungen 104
Ein- und Ausreisebestimmungen 104
Elektrizität 108
Film und Foto 109
Geldfragen 109
Gesundheitsvorsorge 112
Hygiene 113
Informationsquellen 114

Internet 115
Maße und Gewichte 115
Medizinische Versorgung 115
Mit Kindern unterwegs 117
Notfälle 117
Öffnungszeiten 118
Post 119
Schwule und Lesben 119
Sicherheit 119
Sprache 123
Touren 124
Telefonieren 124
Trinkgeld 125
Uhrzeit 125
Unterkunft 125
Verhaltenstipps 126
Verkehrsmittel 127
Versicherungen 131
Wetter und Reisezeit 132

Anhang 133

Kleine Sprachhilfe Thai 134
Glossar landessprachlicher Begriffe 138
Register 140
Zeichenerklärung 143
Mit PC, Smartphone & Co 143

Exkurse zwischendurch

Einmal den Piraten spielen –
  eine Fahrt auf dem Red Baron . . . 34
Na-Muang-Wasserfälle 45
Trekking auf Ko Phangan 58
Wie (üb)erlebt man
  die Full Moon Party? 64
Save Ko Tao – die Zukunft
  von Thailands Tauchparadies . . . 80
Ko Nang Yuan. 85
Feiertage 88
Lecker vegetarisch 90
Die wichtigsten Speisen
  und Getränke 93
Ortstypische Krankheiten 112

Benutzungshinweise

Orientierungssystem

Die in den folgenden Kapiteln beschriebenen Attraktionen sind mit einer **fortlaufenden magentafarbenen Nummer** gekennzeichnet, die sich als Ortsmarke im Faltplan wiederfindet. Steht die Nummer im Fließtext, verweist sie auf die Beschreibung dieser Attraktion.

Die Angabe in **eckigen Klammern** verweist auf das Planquadrat im Faltplan oder auf den Ortsplan. Beispiel:

19 Big Buddha ★ ★ ★ [D6]

Alle weiteren Points of Interest wie Unterkünfte, Restaurants oder Cafés sind mit einer Nummer in **spitzen Klammern** versehen. Anhand dieser eindeutigen Nummer können die Orte in unseren speziell aufbereiteten Luftbildkarten unter http://it-samui.reise-know-how.de lokalisiert werden. Beispiel:

❭ **Lucky Crab Restaurant** €€ <143>

Beginnen die Points of Interest mit einem **farbigen Quadrat**, so sind sie zusätzlich im jeweiligen Ortsplan eingezeichnet:

■ **Lucky Mother Bungalow** €€ <060>

Preiskategorien

Unterkünfte

Die Preise gelten jeweils für ein Doppelzimmer ohne Frühstück

€	bis 10 €
€€	10–30 €
€€€	30–50 €
€€€€	50–100 €
€€€€€	über 100 €

Restaurants

Die Preise gelten für ein Hauptgericht mit Nachspeise und Getränk

€	bis 5 €/Pers.
€€	5–10 €
€€€	10–20 €
€€€€	über 20–30 €
€€€€€	über 30 €

Bewertung der Attraktionen

★ ★ ★	auf keinen Fall verpassen
★ ★	besonders sehenswert
★	Attraktion für speziell interessierte Besucher

Schreibweise geografischer Begriffe

Begriff im Buch	andere gebräuchliche Schreibweisen	Aussprache	Thai	Übersetzung
Ao	Aow	*aao*	อ่าว	Bucht
Ban	Baan	*baan*	บาน	Ort, Dorf
Haad	Hat, Had, Haat	*haad*	หาด	Strand
Ko	Kho	*ko* (kurz)	เกาะ	Insel
Laem		*lääm*	แหลม	Kap
Thong	Thoong	*thoong*	ทอง	Bucht
Wat		*wat*	วัด	Tempel

Impressum

Tom Vater

InselTrip Ko Samui, Ko Phangan, Ko Tao

erschienen im
REISE KNOW-HOW Verlag Peter Rump GmbH,
Osnabrücker Str. 79, 33649 Bielefeld

© REISE KNOW-HOW Verlag Peter Rump GmbH

1. Auflage 2013
Alle Rechte vorbehalten.

ISBN 978-3-8317-2219-8
PRINTED IN GERMANY

Dieses Buch ist erhältlich in jeder Buchhandlung Deutschlands, der Schweiz, Österreichs, Belgiens und der Niederlande. Bitte informieren Sie Ihren Buchhändler über folgende Bezugsadressen:
Deutschland: Prolit GmbH, Postfach 9, D-35461 Fernwald (Annerod) sowie alle Barsortimente
Schweiz: AVA Verlagsauslieferung AG, Postfach 27, CH-8910 Affoltern
Österreich: Mohr Morawa Buchvertrieb GmbH, Sulzengasse 2, A-1230 Wien
Niederlande, Belgien: Willems Adventure, www.willemsadventure.nl

Wer im Buchhandel kein Glück hat, bekommt unsere Bücher auch über unseren Büchershop im Internet:
www.reise-know-how.de

Herausgeber: Klaus Werner, Ulrich Kögerler
Lektorat: amundo media GmbH
Layout: amundo media GmbH
Karten: Ingenieurbüro B. Spachmüller, amundo media GmbH
Druck und Bindung: Media-Print, Paderborn
Fotos: siehe Bildnachweis Seite 138
Anzeigenvertrieb: KV Kommunalverlag GmbH & Co. KG, Alte Landstraße 23, 85521 Ottobrunn, Tel. 089 928096-0, info@kommunal-verlag.de

Alle Informationen in diesem Buch sind vom Autor mit größter Sorgfalt gesammelt und vom Lektorat des Verlages gewissenhaft bearbeitet und überprüft worden.
Da inhaltliche und sachliche Fehler nicht ausgeschlossen werden können, erklärt der Verlag, dass alle Angaben im Sinne der Produkthaftung ohne Garantie erfolgen und dass Verlag wie Autor keinerlei Verantwortung und Haftung für inhaltliche und sachliche Fehler übernehmen.
Die Nennung von Firmen und ihren Produkten und ihre Reihenfolge sind als Beispiel ohne Wertung gegenüber anderen anzusehen. Qualitäts- und Quantitätsangaben sind rein subjektive Einschätzungen des Autors und dienen keinesfalls der Bewerbung von Firmen oder Produkten.

Wir freuen uns über Kritik, Kommentare und Verbesserungsvorschläge:
info@reise-know-how.de

Latest News
Unter **www.reise-know-how.de** werden regelmäßig aktuelle Ergänzungen und Änderungen der Autoren und Leser zum vorliegenden Buch bereitgestellt.
Sie sind auf der Produktseite dieses InselTrip-Titels abrufbar.

www.reise-know-how.de
› Ergänzungen nach Redaktionsschluss
› kostenlose Zusatzinfos und Downloads
› das komplette Verlagsprogramm
› aktuelle Erscheinungstermine
› Newsletter abonnieren
Verlagsshop mit Sonderangeboten

Der Archipel im Überblick

Inselsteckbriefe

Ko Samui *ist mit 229 Quadratkilometern die zweitgrößte Insel Thailands (nach Phuket), hat 50.000 Einwohner und heißt im Jahr 1,5 Millionen Touristen willkommen. Neben dem Tourismussektor stellen Kokosnussplantagen – die Insel soll um die 2 Millionen Palmen haben – die nächstgrößte, aber bei weitem nicht mehr so wichtige Einkommensquelle dar. Ko Samui liegt 35 Kilometer nordöstlich der Stadt Surat Thani. Am breitesten Punkt erstreckt sich die Insel über 25 Kilometer, der höchste Berg ist der Khao Phom (635 m).*

Ko Phangan *ist 168 Quadratkilometer groß und liegt 15 Kilometer nördlich von Ko Samui und 35 Kilometer südlich von Ko Tao entfernt. Die Insel hat 12.000 Einwohner, der höchste Berg der Insel ist der Ko Rah (630 m). International bekannt ist Ko Phangan einerseits für seine Full Moon Partys und andererseits als Schauplatz von Alex Garlands Backpacker-Roman The Beach und zieht daher jährlich fast eine halbe Million Besucher an.*

Ko Tao *ist die kleinste der drei Golfinseln. Nur 21 Quadratkilometer groß mit gerade 1200 Bewohnern wird dieses Kleinod dennoch im Jahr von ca. 100.000 Touristen besucht. Die Insel ist eine wichtige Brutstätte für Meeresschildkröten.*

◁ *Vorseite:*
Die Insel Nang Yuan vor Ko Tao

Einführung

Eigentlich müsste man denken, dass sich die drei Inseln im Golf von Thailand sehr ähnlich sind. Stimmt ja auch, was Wetter und Naturwelt angeht. Aber die Entwicklungen in Bezug auf den Tourismus, die Ko Samui, Ko Phangan und Ko Tao in den letzten Jahrzehnten durchlaufen haben, könnten kaum unterschiedlicher sein. **Ko Samui**, bei Weitem die größte der Inseln, ist nun schon seit dreißig Jahren beliebtes Urlaubsziel. Hier geht es nicht um authentisches Thailand oder um das Entdecken von Sehenswürdigkeiten, sondern um **Strände, Strände und nochmal Strände.** Der Rest der Insel wird von Kokosnussplantagen dominiert – es soll insgesamt 2 Millionen Bäume geben. Der Tourismus dominiert das Inselleben völlig und während der Saison befinden sich meist mehr Ausländer als Einheimische auf der Insel. Während die Westküste und die Südküste eher ruhig sind, geht es an den Stränden Lamai und Chaweng an der Ostküste hoch her. Hier steht ein Resort neben dem anderen, so dicht aneinander gebaut, dass es inzwischen schwierig ist, von der Hauptstraße den Strand zu finden. Die Nordküste Ko Samuis ist ebenfalls populär, hier geht es aber entspannter zu. Sie zieht ein älteres, ruhigeres Klientel an. Im Landesinneren gibt es ein paar Wasserfälle zu erforschen und Besucher, die des Strandes müde werden, können Golf spielen oder Gokart fahren. Aber dies sind eigentlich nur Zerstreuungen, die vom Hauptprogramm ablenken – am Strand liegen und die tropische Sonne genießen.

Ko Phangan hingegen zieht eine ganz andere Art Reisender an: jung, oft auf längere Zeit in Asien unter-

Der Archipel im Überblick
Wassersport und Outdooraktivitäten

wegs und neugierig. Vor allem die **Full Moon Party**, die seit den späten 1990er-Jahren immer mehr Fans anzieht, gibt der Insel ihr Gesicht. Das hat alles klein angefangen mit ein paar Hippies, die monatelang in einfachen Bambushütten abgestiegen sind. Die Hippies sind inzwischen größtenteils anderswo und die Hütten sind solider und luxuriöser geworden, aber ein Teil des alternativen Ambientes besteht fort. Dies mag sich in den nächsten Jahren endgültig ändern, denn der neue Flugplatz, der Ende 2013 eröffnen soll, wird sicher andere, betuchtere Reisende anziehen.

Ko Tao ist schließlich das Kleinod der drei Inseln und hat sich erst Mitte der 1990er-Jahre wirklich entwickelt. Die **bergige, waldbedeckte Insel** ist zu klein für allzu viel Infrastruktur, aber dennoch öffnen jedes Jahr neue Resorts und Bungalowanlagen und vor allem **Tauchgeschäfte**, denn alles dreht sich auch hier um das, was sich unter der Wasseroberfläche abspielt. Wer nicht taucht, mag sich fast wie ein Aussätziger auf Ko Tao fühlen. Die **Zehntausenden Taucher**, die hier jedes Jahr ins Wasser springen, dominieren das Inselbild und wer abends in eine der zahlreichen Kneipen oder Klubs am Hauptstrand Sai Ri geht, muss nicht überrascht sein, dass sich fast jede Unterhaltung darum dreht, was heute beim Tauchen gesehen oder gelernt wurde. Neben Haad Sai Ri und Mae Haad, der kleinen Inselhauptstadt, die beide an der Westküste liegen, geht es an anderen Ecken der Insel deutlich ruhiger zu.

Wassersport und Outdooraktivitäten

Baden

Man ist nie weit weg vom Wasser auf den Golfinseln, denn selbst die Resorts, die nicht direkt am Strand liegen, haben meist einen Pool. Ko Samui, Ko Phangan und Ko Tao haben

◹ *Boote vor Ko Phangan*

Wassersport und Outdooraktivitäten

allesamt paradiesische Strände. Das Wasser ist meist **kristallklar und angenehm warm** (zwischen 26 und 30 Grad das Jahr über), dazu auch noch meist sauber. Gefährliche Meerestiere gibt es im Golf von Thailand so gut wie nicht, wenn man von ein paar Quallen mal absieht. Selbst die Riff- und Bullenhaie um Ko Tao verhalten sich Besuchern gegenüber respektvoll und distanziert. Während auf Ko Samui sowohl junge Leute als auch Familien und Rentner die Strände besuchen, ist auf Ko Phangan und Ko Tao generell ein junges Klientel anzutreffen, das auf Partys und Abenteuer aus ist. An fast allen Stränden gibt es daher auf die jeweilige Besuchergruppe zugeschnittene Unterkünfte, von Fünf-Sterne-Boutique Resorts auf Ko Samui zu preiswerten Bambushütten, die allerdings vom Aussterben bedroht sind auf Ko Phangan und Ko Tao. Auch sonst ist die Infrastruktur der Inseln nach dreißig Jahren Tourismus inzwischen so hervorragend, dass es Gästen an nichts fehlen muss. Sich ganz gehen zu lassen, ist in Thailand allerdings nicht möglich. Drogen sind illegal und FKK ist ebenfalls im Land des Lächelns absolut verpönt. Die Strände im Golf von Thailand sind nach wie vor auch immer noch recht sicher. Allerdings sollte man natürlich seine Wertgegenstände, wie überall, nicht einfach im Sand liegen lassen. Während der Full Moon Party auf Ko Phangan gilt es, auf den Geldbeutel aufzupassen, und das Schwimmen im betrunkenen Zustand ist nicht ungefährlich.

Tauchen und Schnorcheln

Ko Tao ist genauso für seine **spektakulären Tauchgründe** wie auch für die **günstigen Tauchpreise** bekannt. Auf der Schildkröteninsel dreht sich fast alles ums Tauchen. Walhaie, Bullenhaie und Riffhaie, letztere auch beim Schnorcheln zu sehen, sind die Hauptattraktionen, aber auch kleinere Meeresbewohner, vom exotischen Drachenkopf zu Tintenfischen, sind leicht aufzufinden. Rochen, Muränen und Barrakudas sind keine Seltenheit und ab und zu bekommt man eine Schildkröte zu Gesicht. Die Anzahl der Taucher hat den Riffen um Ko Tao in den letzten Jahren ein bisschen den Glanz genommen und die Artenvielfalt mag an der Andaman-Küste größer sein, dennoch sind die Tauchgründe im Golf noch immer Anziehungspunkt für ca. 60.000 Taucher im Jahr. Ko Samui und Ko Phangan haben keine spektakulären Riffe, die schönsten Gebiete sind die sogenannten **Pinnacles** um Ko Tao und bei Ko Phangan. Zahlreiche Tauchschulen auf allen drei Inseln verleihen Schnorchel- sowie komplette Tauchausrüstungen. Anfänger- und

Tauchlehrgang bei Ko Tao

Der Archipel im Überblick 13
Wassersport und Outdooraktivitäten

Fortgeschrittenenkurse werden von allen Schulen geboten. Anfängerkurse (PADI Open Water) kosten zwischen 8000 und 10.000 Baht.

Eine **Dekompressionskammer** für den Fall eines Tauchunfalls gibt es auch auf Ko Samui. Es gilt zu bedenken, dass das Fliegen aufgrund der Druckunterschiede unter und über dem Wasser 24 Stunden nach dem letzten Tauchgang gefährlich ist.

› **Dekompressionskammer,**
  am nordöstlichen Ende des Big Buddha Beach, Tel. 077 427427, Notruf 081 0848485, www.sssnetwork.com

Top Dive Spots

› **Chumphon Pinnacle:** Diese spektakuläre Korallenzinne, umgeben von weiteren kleineren Felsen, liegt 12 Kilometer nordwestlich von Ko Tao und reicht von 35 Meter Tiefe bis zu 14 Meter. Zu sehen gibt es Barrakudaschwärme, große Zackenbarsche, Bullenhaie und gelegentlich einen Walhai.

› **Southwest Pinnacle:** Diese weitere wunderschöne Korallenzinne, wie der Name sagt südwestlich von Ko Tao gelegen, wird gelegentlich von Walhaien besucht. Dazu kommen Barrakudas und Bullenhaie, aber auch kleineres Getier wie Nacktschnecken oder Rochen.

› **Sail Rock:** Dieser Korallenturm ragt auf halber Strecke zwischen Ko Phangan und Ko Tao 35 Meter vom Meeresboden bis 15 Meter über der Wasseroberfläche empor und wird aufgrund der langen Strecke von Ko Tao weniger angetaucht als die anderen Pinnacles. Auch hier sieht man ab und zu Walhaie, dazu große Barrakudas und Muränen sowie Tunfische.

› **HTMS Sattakut:** Dieses in den USA gebaute 48 Meter lange Kriegsschiff wurde im Zweiten Weltkrieg in Iwo Jima und Okinawa eingesetzt und nach dem Krieg von Thailands Marine genutzt.

2011 wurde das Schiff auf 30 Meter Tiefe vor Ko Tao versenkt und ist seitdem ein beliebter Dive Spot.

› **Ko Tao:** Um die Schildkröteninsel herum liegen zahlreiche Korallenriffe, die v. a. für Anfänger geeignet sind. Ao Muang, White Rock und Green Rock zählen zu den besten. Schildkröten, Rochen und Drückerfische sind häufig zu sehen.

Wellenreiten

Surfen ist im Golf von Thailand kaum möglich. Einzig an der Ostküste Ko Phangans finden sich während der Regenzeit Wellen für Anfänger.

Wind- und Kitesurfen

Windsurfen ist sowohl auf Ko Samui als auch auf Ko Phangan möglich. Anfänger bis Fortgeschrittene können Unterricht nehmen (etwa 1000 Baht die Stunde) oder die Ausrüstung einfach mieten.

Ko Samui:
› **Samui Wind Surf,** Baan Lamai Resort, Tel. 088 8821812, www.samui-wind surf.com

Ko Phangan:
› **Cookies Bungalows,** Haad Salaad, Tel. 077 349125, 083 1817125, www.cookies-phangan.com
› **sl2k,** Baan Manali Resort, Nai Wok, Tel. 077 377917, www.sl2kadventure.com

Segeln und Bootfahren

Ko Samui:
› **Samui Ocean Sports & Yacht Charter,** Tel. 081 9401999, www.sailing-in-samui.com, Segeltouren um Ko Samui und in den Ang Thong Nationalpark

Der Archipel im Überblick
Wassersport und Outdooraktivitäten

Ko Phangan:
> **Cookies,** nördlich in der Wok Tum Bucht, Tel. 083 1817125, kleine Segelboote und Hobie-Katamarane

Ko Tao:
> **Yacht Charter and Sailing School,** Tel. 077 457002, www.island-cruises.org, Segeltouren im Golf von Thailand können in Mae Haad organisiert werden.

Die Samui-Regatta

Seit mehr als zehn Jahren findet jedes Jahr im Mai die Samui-Regatta (www.samuiregatta.com), die größte Veranstaltung dieser Art in Asien, statt. Eine Woche lang segeln mehr als 350 Teilnehmer aus 20 Ländern im Wettbewerb, dazu werden jede Menge Partys veranstaltet.

Jetski, Bananenboote, Wasserski

An den Hauptstränden Ko Samuis ist es möglich, Jetskis zu leihen. Diese machen einen Riesenlärm, aber auch großen Spaß. Schwimmer sollten an Stränden, an denen diese Maschinen angemietet werden können, sehr vorsichtig sein. Mietpreise belaufen sich in der Regel auf um die 700–800 Baht pro 10 Minuten. Die billigere und gruppenfreundlichere Alternative sind die sogenannten Bananenboote, auf denen sechs bis zehn Passagiere Platz finden, die normalerweise von einem Schnellboot gezogen werden. Kostenpunkt 1500 Baht für 20–30 Minuten. Schließlich ist es auf Ko Samui auch möglich, Wasserski zu fahren. Eine halbe Stunde kostet etwa 1500 Baht.

Kajak

An den meisten Stränden Ko Samuis und einigen wenigen auf Ko Phangan und Ko Tao ist es möglich, Kajaks zu mieten. Besonders auf Ko Tao lohnt sich der eine oder andere Kajakausflug zu nahe liegenden Korallenriffen. Kajaks gibt es in verschiedenen Größen, meist für ein oder zwei Personen. Die Mietkosten belaufen sich auf ca. 200 Baht pro Stunde auf Ko Samui, auf ca. 100 Baht die Stunde auf den Inseln Ko Phangan und Ko Tao. Wer ein Kajak einen halben oder ganzen Tag ausleihen möchte, wird natürlich ein besseres Angebot bekommen.

Wandern

Die drei Inseln im Golf von Thailand sind wahrlich keine Wanderziele. Die meisten Besucher kommen wegen der Strände und der breiten Palette an Wassersportarten, die hier geboten wird. Dennoch ist es möglich, ein paar längere Spaziergänge zu unternehmen. Auf Ko Samui gibt es einen besuchenswerten Wasserfall, während auf Ko Phangan zwei Nationalparks mit Wasserfällen, dichtem Dschungel und allerlei Tierarten aufwarten. Alle Wanderungen – bis auf die Besteigung des Ko Rah, dem höchsten Berg Ko Phangans – kann man ohne Führer unternehmen. Weibliche Trekker sollten allerdings nicht alleine in den Wald laufen. Mehrtägige Treks sind auf den Inseln nicht zu finden.

Golf

Ko Samui:

❯ **Santiburi Golf Club,** Tel. 077 421700-8, www.santiburi-hotel.de/index.php/en/home-golf-en. Einer der besten Golfplätze Thailands und seit Jahren Schauplatz von internationalen Turnieren. Eine Runde für Nichtgäste des anliegenden Resorts kostet 3350 Baht plus Miete eines Golfkarts und die Einstellung eines Caddys.

❯ **Bo Phut Golf Course,** Tel. 077 430811, http://bophuthillsgolf.com. Kleiner und mit nur 9 Löchern eher für Anfänger geeignet. Die Kosten liegen dementsprechend auch deutlich niedriger.

◁ *Jetski vor Ko Samui*

Minigolf

Ko Samui:

❯ **No. 1 Jungle Golf Ko Samui,** Choengmon im Nordosten Ko Samuis, www.minigolfsamui.com. Ein sehr schöner Minigolfplatz, von einem Deutschen angelegt, soll einer der besten Kurse in Thailand sein.

Ko Tao:

❯ **KT Mini-Golf Kurs,** am oberen Ende von Mae Haad, an der Straße nach Ao Luek und Haad Sai Daeng gelegen, geöffnet tägl. 14–24 Uhr. Mit 18 Löchern und Kegelbahn. Billardtische gibt es auch.

Quad

Quadbikes (ATV) können sowohl auf Ko Samui als auch auf Ko Tao gemietet werden. Die verschiedenen Anbieter sind in den jeweiligen Kapiteln angegeben.

Radfahren

Das Fahrradfahren ist auf Ko Samui und auf Ko Phangan an sich möglich. Allerdings gibt es auf den Hauptstraßen Ko Samuis so viel Verkehr, dass man meist Abgase einatmet. Auf Ko Phangan gibt es nicht so viel Verkehr, dafür jede Menge Berge, hier verleihen manche Resorts Mountainbikes. Auf Ko Tao ist kaum genug Platz zum Fahrradfahren, die Straßen sind dafür bis auf die Strecke zwischen Mae Haad und Haad Sai Ri zu steil.

Tennis

❯ **Samui Tennis Club,** Tel. 083 5291214, 77/1 Soi Sumkorkawe, Bangrak, www.samuitennis.com. Hier sind sowohl Mitglieder als auch Touristen willkommen.

Der Archipel im Überblick

Auf dem Weg zu den Inseln

Eine Reihe der teureren Resorts hat zudem Tennisplätze, die auch Nichtgäste nutzen können, z. B. das Anantara in Bo Phut, das Centara Beach Resort, das Four Seasons Samui und das Imperial Samui Beach Resort.

Thai-Boxen

Besucher, die einen Kurs in Muay Thai, dem Nationalsport Thailands, absolvieren wollen, können dies auf jeder der drei Inseln tun. Zudem gibt es auf Ko Samui und Ko Phangan kleine Stadien, in denen die Besucher den Sport hautnah mitverfolgen können. Turniere werden auf Postern oder aus Lautsprechern auf Pick-ups, die die Straßen der Inseln auf und ab fahren, bekannt gegeben.

Ko Samui:

❯ **Lamai Muay Thai Camp**, Lamai, Tel. 087 0826970, www.lamaimuaythaicamp. com. Einwöchiger Trainingskurs mit zwei Sessions pro Tag 2000 Baht. Zweiwöchiger Trainingskurs mit zwei Sessions pro Tag 3600 Baht.

❯ **Superpro Samui Training Camp**, Chaweng, www.superprosamui.com. Einwöchiger Trainingskurs mit zwei Sessions pro Tag kostet 2000 Baht. Einmonatiger Trainingskurs mit zwei Sessions pro Tag 7000 Baht.

Ko Phangan:

❯ **Muay Thai Chinnarach Camp**, Thong Sala, Tel. 086 9538253, www. muaythaichinnarach.com. Einwöchiger Trainingskurs mit zwei Sessions pro Tag kostet 3000 Baht. Einmonatiger Trainingskurs mit zwei Sessions pro Tag 9000 Baht.

Ko Tao:

❯ **Island Muay Thai**, Mae Haad, www.thai boxingkohtao.com. Einwöchiger Trainingskurs mit zwei Sessions pro Tag kostet 2250 Baht. Einmonatiger Trainingskurs mit zwei Sessions p. T. 7300 Baht.

Auf dem Weg zu den Inseln

Die Inseln im Golf von Thailand können allesamt per Schiff angesteuert werden, entweder von Chumphon oder Surat Thani aus. Zu beiden Küstenstädten gibt es gute Verbindungen von Bangkok, entweder mit dem Zug oder dem Bus. Surat Thani hat einen großen Flugplatz, der von Air Asia täglich angeflogen wird, während der etwas kleinere Flugplatz in Chumphon die kleineren Flieger von Solar Air empfängt. Ko Samui hat einen eigenen, sehr schönen Flugplatz, ganz im tropischen Boutique-Stil gehalten. Dieser gehört allerdings der Fluglinie Bangkok Air, deren Flüge sehr teuer sind. Thai Airways fliegen ebenfalls direkt nach Ko Samui, zu ähnlichen Preisen. Wer Zeit hat, sollte per Schiff reisen. Wer nur auf zwei Wochen Urlaub kommt, ist mit den Flügen besser bedient.

❶ Chumphon ★★ [S. 144]

ชุมพร

Chumphon liegt 463 km südlich von Bangkok und wird als das „Tor zum Süden" bezeichnet. Der Ort selbst ist touristisch kaum von Interesse, dafür kann er als Sprungbrett zur Insel Ko Tao und den anderen Golfinseln dienen und verzeichnet so einen mehr oder weniger regen **Durchgangs-Tourismus**. Die Umgebung von Chumphon ist auffallend fruchtbar, im Sü-

den und Westen befinden sich Obst-
plantagen, Reisfelder und Wälder.

Ein paar ruhige und recht schöne
Strände finden sich sowohl nördlich
als auch südlich der Stadt, die meisten Leute zieht es jedoch weiter auf
die Inseln.

Infos und Reisetipps

Infostellen

❭ **Chumphon Tourist Services Center** <001>
Provinzverwaltung, Kreuzung Sala Daeng
Road und Krumluang Chumphon Road,
Tel. 077 504883, geöffnet täglich 8.30–
20 Uhr. Broschüren, Hoteltipps und
Ticketservice.

❭ **New Infinity Travel Agency** <002> 68/2
Tha Thapao Road, Tel. 077 570176,
077 501937, new_infinity@hotmail.
com, geöffnet tägl. 10–21 Uhr. Informa-
tion, Bustickets, Visa und Internet-Café.

❭ **TAT (Tourism Authority of Thailand)** <003>
111/11–12 Tawee Sinka Road, Tel. 077
501831, geöffnet tägl. außer an Feiertagen 10–17 Uhr. Infos zur Stadt/Region.

Transport

❭ **Busse ab Bangkoks Southern Bus Terminal** benötigen je nach Bustyp ca.
7–7½ Std. A.C.-Busse 2. Kl. kosten
347 Baht, A.C. 1. Kl. 405 Baht und
V.I.P.-Busse 540 Baht. Busse fahren
auch nach Krabi (240 Baht, Fahrzeit
5–6 Std.), Phuket (280 Baht, 7 Std.) und
Surat Thani (170 Baht, 3–4 Std.). Klein-
busse nach Surat Thani ab der Krom
Luang Chumphon Road zu 180 Baht. Ab
Fame Tour fahren Mini-Busse nach Krabi
(470 Baht, 4 Std.) und nach Khao Lak
(530 Baht, 6 Std.).

❭ **Züge ab Bangkok** fahren 11-mal am Tag,
Fahrzeit ca. 6 Stunden. Fahrtkosten in
der 3. Kl. 272 Baht, mit A.C. 342 Baht,
in der 2. Kl. 380 Baht, mit A.C. 480
Baht, 2. Kl. Sleeper mit A.C. Schlafkoje
oben/unten 680/770 Baht und in der
1. Kl. 1134 Baht. Züge weiter in Richtung

Süden fahren unter anderem um 2.29
(bis Nakhon Si Thammarat), 3.47 (bis
Nakhon Si Thammarat), 5.47 (bis Yala),
ein weiterer Zug um 5.47 (bis Surat
Thani), 14.19 (bis Surat Thani), 21.01
und 23.22 (bis Sungai Golok) und 21.47
Uhr (bis Butterworth).

❭ **Solar Air** (www.solarair.co.th) fliegt einmal täglich von Bangkok nach Chum-
phon. Der Flugpreis beträgt 2700 Baht
und beinhaltet Bustransfer und Fähre
(mit Lomprayah) nach Ko Tao. Die Flieger sind winzig (20 Sitze), wer nicht gerne
fliegt, sollte besser mit dem Bus fahren.
Der Flughafen befindet sich weit außerhalb nahe dem Ort Pathiu (40 km).

❭ **Zu den Piers** fahren sehr regelmäßig
Songthaews (Sammeltaxis) zu 10 Baht.
Motorradtaxis kassieren um die 100
Baht für die Fahrt. Bei Buchung über
eines der Guest Houses oder ein Reisebüro kann man von deren **Zubringer-
dienst** Gebrauch machen (kostenfrei zu
den näheren Piers, 50 Baht zu solchen,
die weiter entfernt sind).

❭ **Die Boote nach Ko Tao** unterscheiden
sich stark preislich und auch in Bezug
auf die Fahrzeit. Am preiswertesten, aber
auch am langsamsten und am wenigsten
sicher, ist das Nachtboot von Tha Yang,
das um Mitternacht ablegt (250 Baht,
Fahrzeit 6 Std.). Um 7 Uhr fahren mehrere Speedboote (450–550 Baht,
2½–3 Std.) ab Pak Nam, eine Fähre
fährt um 7.30 und 13.30 Uhr, ebenfalls
ab Pak Nam, und um 7 und 13 Uhr legt
ein Schnellboot (Lomprayah Catama-
ran, 550 Baht, 1½ Std.) von Thung Mak-
ham Noi ab, das auch bis nach Ko Phangan (750 Baht, 3 Std.) und Ko Samui
(850 Baht, 3 Std. 40 Min.) weiterfährt.
Aktuelle Fahrzeiten unter www.lompra
yah.com. Reisende berichten von Problemen mit allen Unternehmen. Besonders
Songserm und Seatran bieten schlam-
pigen Service und ändern Abfahrtzeiten,
ohne die Reisenden zu unterrichten.

Der Archipel im Überblick
Auf dem Weg zu den Inseln

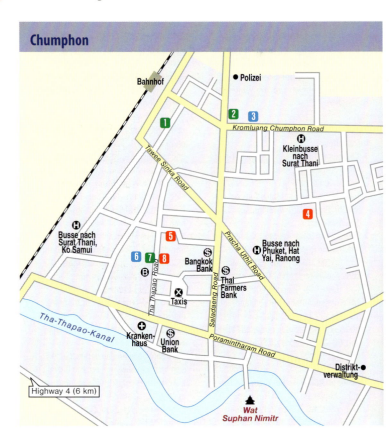

Unterkünfte

- **Infinity G.H.** € <004> 68/2 Tha Thapao Road, Tel. 077 501937, 300 Baht. Das Infinity G.H. hat nur sechs einfache, aber saubere Zimmer mit Gemeinschaftsbad. Das sehr hilfreiche Management bietet zudem Informationen zu Ko Tao und Attraktionen in der Gegend. Travellern, die in Chumphon nur einen kurzen Halt einlegen, wird hier eine Dusche gestattet. Außerdem gibt es ein Reisebüro, Motorrad- und Autoverleih und Internet. Auch eine kleine, aber recht gute Auswahl an neuen Büchern ist hier zu kaufen.

- **Nanaburi Hotel** €€ <005> 355/9 Pracha-u-thit Rd, Tel. 077 503888, www.nanaburichumphon.com. Das Nanaburi Hotel ist preiswert, sauber und etwas anonym, aber die A.C.-Zimmer sind groß und haben ordentliche Badezimmer, TV, Mini-Bar und WiFi. Der Service ist effizient und freundlich und für 700 Baht die Nacht kann man sich eigentlich nicht mehr wünschen.

- **Suda G.H.** €€ <006> 8 Soi 3 Saladaeng Rd., Tel. 077 504366, 300–600 Baht. Das kleine Suda G.H. hat nur fünf Zimmer, dafür aber mit Bad und A.C. Die Besitzerin, Khun Suda, ist sehr hilfsbe-

Der Archipel im Überblick
Auf dem Weg zu den Inseln

reit und vermietet Motorräder und Autos, verkauft Bootstickets nach Ko Tao und vermittelt Visatrips nach Ranong/Victoria Point (Myanmar).

Essen und Trinken
- **Farang Bar** €€ <007> 69/36 Tha Thapao Rd., Tel. 077 501003, geöffnet täglich 6–24 Uhr. Die Bar bietet auf Touristen abgestimmte thailändische Gerichte sowie Hamburger und Spaghetti.
- **Nachtmarkt** € <008> Kromluang Chumphon Road. Der Chumphon Nachtmarkt hat die übliche Auswahl an Standardgerichten und ist preiswert.

❷ Surat Thani ★ [S. 144]
สุราษฎร์ธานี

Surat Thani ist eine **lebendige Handelsstadt** mit 150.000 Einwohnern, die den Touristen allerdings nicht gerade mit Sehenswürdigkeiten verwöhnt. Für die meisten Besucher ist die Stadt ein Zwischenstopp auf dem Weg zu den Inseln Ko Samui und Ko Phangan. Seit die Budget-Fluglinien Orient Thai und Air Asia von Bangkok nach Surat Thani fliegen, bietet der Flughafen eine Alternative zum überteuerten Direktflug nach Ko Samui.

Der Archipel im Überblick
Auf dem Weg zu den Inseln

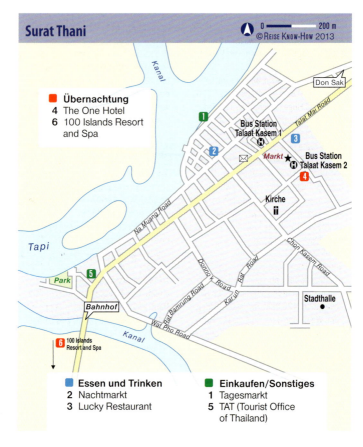

Infos und Reisetipps
Infostellen
- **TAT (Tourist Office of Thailand)** <009> Talat Mai Road, Tel. 077 288817-9, tatsurat@tat.or.th, geöffnet täglich 8.30–16.30 Uhr. Dieses Tourist Office ist eines der besten des Landes, das Personal ist sehr hilfsbereit und überlässt dem interessierten Besucher pfundweise Informationsmaterial.

Transport
› **Busse ab Bangkok Southern Bus Terminal.** A.C.-Busse 1 Kl. 748 Baht und V.I.P.-Busse 1055 Baht. Fahrzeit je nach Bus ca. 10–11 Std.
› **Züge ab Bangkoks Hualamphong Station** fahren 11-mal tägl., Fahrzeit ca. 7–8 Std. Preis in der 3. Kl. 297 Baht, mit A.C. 397 Baht, in der 2. Kl. 438 Baht, mit A.C. 578 Baht, im Sleeper 2. Kl. mit A.C. und Schlafkoje oben/unten 758/848 Baht und in der 1. Kl. Schlafkoje oben/unten 1179/1379 Baht.

› *Heilige Statuen in Surat Thani*

Der Archipel im Überblick
Auf dem Weg zu den Inseln

> **Surats Bahnstation** liegt in Phun Phin, 14 km westlich der Stadt; von dort fahren Busse und Songthaews nach Surat (12 Baht; Abfahrt zwischen 6 und 20 Uhr alle 10–15 Min.).

> **Flüge mit Thai Airways ab Bangkok** kosten ab 2750 Baht, Business Class 3750 Baht. Zwei Flüge täglich, Flugzeit 1 Std. 10 Min. Der Flughafen befindet sich weit außerhalb der Stadt (ca. 30 km nördlich). Private Kleinbusse pendeln für 100 Baht/Pers. zwischen dem Flughafen und dem Stadtbüro der Airline hin und her. Der Flugverkehr in Surat Thani ist recht rege, denn die Budget-Fluglinie **Air Asia** (www.airasia.com; je nach Tag und Flug ca. 1500–2500 Baht) fliegt ebenfalls täglich von Bangkok nach Surat Thani. Die Billigflieger von **Nok Air** (www.bangkokair.com) fliegen dreimal am Tag von Bangkok ein, ab 1600 Baht. Der Transferbus vom Flugplatz nach Don Sak kostet teure 420 Baht und ist elend langsam. Wenn man dann noch das Ticket für die Fähre dazurechnet, spart man im Vergleich zum Direktflug nach Ko Samui nicht mehr viel.

> Es gibt **vier Piers in der Provinz Surat Thani,** von denen Boote nach Ko Samui ablegen: **Ban Don, Don Sak, Tha Thong und Khanom.** Die Abfahrtfrequenzen und -zeiten ändern sich je nach Jahreszeit und Bedarf. Im Grunde nimmt man das erste Boot, das man am Pier seiner Wahl vorfindet; zu Stoßzeiten muss man eventuell schon einmal ein Boot fahren lassen, weil es voll ist, und auf das nächste warten. Das gilt v. a. für Autofähren. Vor diesen bilden sich oft lange Autoschlangen, und wenn die Fähre gerade voll ist, wenn das letzte Auto vor einem draufgefahren ist – Pech gehabt und auf die nächste Fähre warten! In der Regenzeit sind die Abfahrten stark reduziert. Die Preise der Überfahrten unterliegen saisonalen Schwankungen. Man rechne mit 280 bis 500 Baht, je nach Bootstyp und Jahreszeit. **Taxis zum Pier in Don Sak** (Fähre nach Ko Samui) kosten ca. 800 Baht. Wer aber sein Ticket in einem Reisebüro mit Seatran bucht, wird kostenfrei nach Don Sak befördert. Einige Reiseunternehmen fahren mit Kleinbussen nach Don Sak zu 70 bis 100 Baht/Pers.

Der Archipel im Überblick
Auf dem Weg zu den Inseln

Weitere Informationen in den Inselkapiteln.

> Von Surat Thani aus kann man mit *Seatran* (Tel. 077 275060) direkt per Bus und Fähre nach Ko Samui (250 Baht) und Ko Phangan (350 Baht) fahren und sich so den ganzen Organisationsärger sparen.

> Ein **Nachtboot** fährt ab dem Bandon-Pier in Surat Thani, Abfahrt 23 Uhr. Dieses benötigt lange 6 Std., erspart einem aber die Fahrt von Surat Thani zu einem der o. g. Piers. Preis für die Überfahrt 250 Baht. Auf Ko Samui legen die Boote in der Thong Yang Bucht oder (häufiger) in Ban Nathon an.

> Es ist auch möglich, **von Surat Thani direkt nach Ko Tao** zu fahren. Um 8 Uhr fährt die Fähre von Songserm Travel (Tel. 077 287124) ab, Fahrzeit 4½ Stunden. Um 20.30 legt ein langsames Nachtboot (550 Baht) ab, das erst um 5.30 Uhr in Ko Tao ankommt.

Unterkünfte

■ **100 Islands Resort and Spa** ^{€€} <010> drei Kilometer außerhalb der Stadt, gegenüber dem Tesco Lotus gelegen, Tel. 077 201150, Fax 201159. Surats erstes Boutique-Hotel hat sehr schöne moderne Zimmer mit A.C., Fernseher und WiFi-Zugang. Ein Swimmingpool ist ebenfalls vorhanden.

■ **The One** ^{€€} <011> 118/68 Thathong Rd., Tel. 077 212111, www.theone surat.com. Ein empfehlenswertes und freundliches Boutique-Hotel. Kleine, helle Zimmer mit A.C., TV, DVD, WiFi und Frühstück.

Essen und Trinken

■ **Lucky Restaurant** [€] <012> Ecke Talat Mai und Thathong Road, geöffnet täglich 11–21 Uhr. Das Lucky Restaurant bietet eine große Auswahl thailändischer Gerichte in Country- und Western-Ambiente. Es ist unter den Einheimischen so beliebt, dass es hier selbst unter der Woche ziemlich voll ist.

■ **Nachtmarkt** [€] <013> Ton Pho Road. Es gibt eine vielfältige Auswahl von preiswerten Speisen – von gerösteten Maiskolben bis hin zu Süßspeisen aller Art.

Einkaufen

■ **Surat Thani Tagesmarkt** <014> Talat Lang Road, geöffnet täglich. Der Markt am Tapi-Fluss ist interessant – Essen, Obst, Haushaltsartikel. Freunde exotischer Früchte können sich an den Rambutans laben, die in der Umgebung der Stadt besonders gut gedeihen.

Ko Samui

Ko Samui

Ko Samui ist die **drittgrößte Insel Thailands**. Sie war noch bis vor ein paar Jahren so etwas wie das preiswertere und weniger zubetonierte Pendant zu Phuket – entsprechend zog die Insel mehr Individualreisende an. In den letzten Jahren zeichnet sich jedoch auch hier deutlich ein Trend in Richtung Package- und Hochpreis-Tourismus ab. Teurere Unterkünfte und Restaurants finden sich inzwischen an jedem Strand und die frühen 1970er-Jahre, als nur ein paar Strohhütten auf der Insel standen, scheinen heute einem ganz andern Zeitgeist anzugehören. Mittlerweile kommen im Jahr um die **1,2 Millionen Besucher** nach Ko Samui, 135.000 reisen aus dem deutschsprachigen Raum an und oft scheint es, als gäbe es mehr Urlauber als Einheimische. Es gibt zwar noch einige schlichte Hütten für 10 Euro, am oberen Ende der Skala lassen sich aber auch 1000 Euro für die Übernachtung ausgeben. Bei den teureren Unterkünften sind im Preis üblicherweise reichhaltige Frühstücks-Buffets inbegriffen.

Ko Samui ist ein Strandparadies, eine Insel zum Ausspannen und Erholen, sie ist ringsum mit herrlichen **Stränden** gesegnet. An den bekannteren wie Lamai oder Chaweng reiht sich eine Bungalow-Kolonie an die andere, nur im Nordosten und Südwesten der Insel gibt es noch einige abgelegene Buchten, die immer noch totale Ruhe versprechen.

Das Binnenland ist fast ausnahmslos mit **Kokosplantagen** bedeckt, diese verleihen Ko Samui ihr so unverwechselbares Tropenambiente. Derzeit soll es noch 2 Millionen Ko-

◸ *Ein Songthaew Sammeltaxi auf Ko Samui*

◁ *Vorseite: Haad Choeng Mon*

kospalmen geben, aufgrund der zunehmenden Anzahl von Hotels und anderen Bauten nimmt ihre Zahl jedoch beständig ab. Anders als Phuket hat Ko Samui keine größeren Städte, in denen man ins lokale Leben eintauchen könnte, aber das ist ein „Nachteil", den die meisten Besucher gern in Kauf nehmen.

Im Inselinneren finden sich einige holprige Pfade, die mit Jeep oder Motorrad befahrbar sind. In den zentralen Bereichen von Lamai und Chaweng wurden die Straßen neu ausgebaut. Der **Entwicklungswahn** der Insel will kein Ende nehmen und von mancher Hauptstraße aus betrachtet hat man das Gefühl, von einem gigantischen Touristenslum verschluckt zu werden. Wenn man allerdings von seiner abgeschirmten Bungalowanlage kurz vor Sonnenuntergang auf einen sauberen Strand tritt, wird sofort klar, warum die Insel so populär geblieben ist – am Wasser ist es einfach atemberaubend schön.

Der Westen

Der Westen Ko Samuis ist, bis auf das Hauptstädtchen der Insel Ban Nathon, **sehr ruhig**. Die Strände sind nicht so umwerfend schön wie an der Ostküste, aber dafür kann man die wunderbaren Sonnenuntergänge genießen. Wer Ruhe sucht, wird sie hier finden.

❸ Ban Nathon ★   [B7]
บ้านหน้าทอน

Ban Nathon, an der Westküste der Insel gelegen, ist die kleine „Hauptstadt" der Insel; offiziell ist sie die Distrikthauptstadt (tua amphö) von Ko Samui.

Der Ort besteht fast nur aus drei kleinen Parallelstraßen, hier finden sich zahlreiche, **für Reisende wichtige Einrichtungen:** die Tourist Police, das Informationsbüro der TAT, das Immigration Office (zur Visumverlängerung), Banken und Wechselschal-

Tauchunternehmen

Ko Samui ist an sich kein Tauchziel. Es ist allerdings möglich, in der Umgebung ein paar attraktive Tauchgänge zu machen und aus diesem Grund haben sich auf Samui ein paar Tauchunternehmen niedergelassen. Viele der Tauchausflüge gehen nach Ko Tao, an die Pinnacles um Ko Tao oder in den Ang Thong Marine Nationalpark.

❭ *Abyss Dive Centre, Mae Nam, Tel. 077 247038, www.amazingsamui. com/abyss.htm, ein kleines holländisches Tauchzentrum. Die PADI-Gruppen weren klein gehalten.*

❭ *Dive Indeep, Chaweng, Tel. 077 230155-6, www.diveindeep.com.*

Die seit 1990 bestehende Tauchschule bietet tägliche Tauchtouren zum Ang Thong National Marine Nationalpark und nach Ko Tao an.

❭ *Easy Divers, Chaweng und Lamai, Tel. 077 231190, www.easydivers-thailand.com. Hier befinden sich zwei Filialen der großen Tauchfirma, es wird auf Deutsch unterrichtet.*

❭ *Planet Scuba, Bo Phut, Chaweng und Lamai, Tel. 077 413050, www. planet-scuba.net. Filialen des in Ko Tao ansässigen Unternehmens.*

❭ *Mui Divers, Lamai, Tel. 077 232160, deutsches Management*

Ko Samui
Der Westen

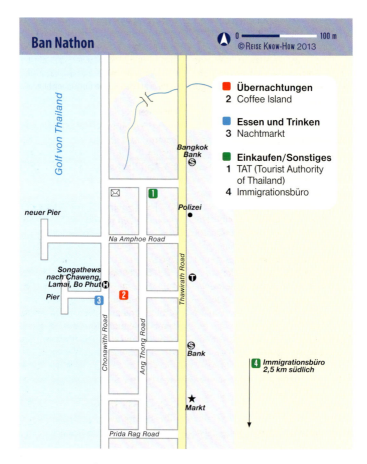

ter, Buch- und Zeitungsläden, ein Postamt u. a. Tagsüber wird Ban Nathon von Touristen überrannt, die irgendetwas zu erledigen haben (oder auch nicht); abends nach 19 Uhr gehört der Ort dann wieder den Einheimischen.

❹ Büffelkampfarena ★ [B7]
สนามชนควาย

Büffelkämpfe werden in einer bescheidenen Arena nördlich des Ortes unregelmäßig abgehalten. Man achte auf Poster, denn es gibt auf Ko Samui noch drei weitere Büffelkampfarenen und die Kampftage rotieren von Arena zu Arena.

› **Büffelkämpfe**, nördlich von Ban Nathon, Tel. 077 418680.

❺ Hin-Lad-Wasserfall ★ [B7]
น้ำตกหินลาด

Der Hin-Lad-Wasserfall nahe Ban Nathon ist während oder kurz nach der Regenzeit einen Besuch wert. Ein **kurzer Marsch (3 km)**, der Richtung Westen durch Dschungel und über ein paar Bäche führt, und man erreicht einen kleinen See am Fuße der Wasserfalls, in dem es sich gut baden lässt.

Infos und Reisetipps
- **Immigrationsbüro** <016> 2,5 km südlich von Ban Nathon, Tel. 077 421069, geöffnet täglich 8.30–12 und 13–16.30 Uhr, geschl. an Feiertagen. Wer eine Visumverlängerung braucht, sollte hier vorbeischauen.
- **TAT (Tourist Authority of Thailand)** <017> in einer Gasse westlich der Thawirat Road im Norden von Ban Nathon, Tel. 077 420504, geöffnet täglich 8.30–16.30 Uhr. Es wird reichlich Informationsmaterial ausgehändigt, darunter Karten, die von diversen Unternehmen gesponsert werden.

Unterkünfte
- **Coffee Island** €€ <018> Seatran Pier, Tel. 077 420153. Saubere, einfache Zimmer ohne oder mit A.C. und Bad. Ein gutes Restaurant und eine Bäckerei sind angeschlossen.

Die köstlichen Rambutan

Essen und Trinken
- **Nachtmarkt** € <019> Chonwithi Road (Uferstraße), geöffnet täglich 18–22 Uhr. Eine Auswahl von Ständen, die einfache Gerichte, Obstsäfte und einen schönen Blick auf den Sonnenuntergang bieten.

Einkaufen
Ban Nathon hat ein paar Supermärkte und Bäckereien, aber ein Ausflug in die Hauptstadt Ko Samuis lohnt sich nur, wenn man noch andere Dinge zu erledigen hat.

❻ Thong Yang, Haad Taling Ngam, Haad Phangka ★★ [B9]
ท้องยาง, หาดตลิ่งงาม, หาดพังกา

Der in der Bucht von **Thong Yang** (oder Coral Cove) gelegene Pier – die Autofähre der Firma Raja fährt von hier nach Dom Sak – ist der Ruhe nicht gerade zuträglich, dafür ist der daran gelegene **Strand** sehr schön und das relativ untouristische Umfeld – mit zahllosen Kokospalmen im Hinterland – hat auch etwas für sich. Weiter südlich schließen sich dann die ebenfalls **nur wenig besuchten, ruhigen Buchten Taling Ngam** und **Phangka** an. Das Dorf Taling Ngam, eine moslemische Gemein-

de, hat noch ein paar traditionelle Holzhäuser. Wer ein rasantes Nachtleben sucht, ist anderswo besser aufgehoben.

❼ Schlangenfarm ★ [B9]

ฟาร์มงู

Dieses etwas abgelegene Etablissement bietet Shows, in denen auch **Kobras, Pythons** und Skorpione mitwirken. Einen Eindruck vom traditionellen und illegalen Hahnenkampf bekommt man hier auch. Tierfreunde sollten der Schlangenfarm fern bleiben.

❯ An der Kreuzung der Inselhauptstraße (4170) und der Straße nach Phangka Bucht gelegen, Tel. 077 423247, www. samuisnakefarm.com, Eintritt 200 Baht, geöffnet tägl. Shows finden um 11 und 14 Uhr statt.

❽ Paradise Park Farm ★★ [C8]

พาราไดซ์ปาร์คฟาร์ม

Ein **kleiner, familienfreundlicher Zoo** auf einem Berghang im Zentrum Ko Samuis. Neben Affen und Papageien hat diese Attraktion auch einen großen Swimmingpool und ein Restaurant für Besucher. Der Blick über Samui und Ko Phangan ist großartig.

Einige Besucher schreiben, dass die Farm eine große Tierquälerei ist, und die Affen können aggressiv sein. Aufpassen.

❯ Tel. 086 0633318, http://paradise parkfarm.net, Eintritt 300 Baht, geöffnet tägl. 9–18 Uhr

❾ Wat Kiri Wongkaram ★★ [B9]

วัดคีรีวงการาม

Ein zweiter Tempel (nicht zu verwechseln mit dem bekannteren Wat Khunaram), in dem ein **mumifizierter Mönch** auf Besucher wartet. Luang Pho Poo Rerm ist 1976 verstorben und sitzt in einem Glaskasten, der von Blattgold bedeckt ist. Dieser kleine Tempel bietet auch ein paar alte Gebäude und wird nur selten besucht. Die ansässigen Mönche segnen Besucher von Luang Pho Poo Rerm gerne.

❯ Taling Ngam, Eintritt frei, geöffnet tägl. 6–18 Uhr

Unterkünfte

❯ **Am Samui Resort** €€€ <020> Taling Ngam, Tel. 077 235165, www.amsamuiresort. com. Über ein weites Gelände mit vielen Kokospalmen verteilte große Holzbungalows, meist mit A.C. Recht gut für den

KURZ & KNAPP

Die dunkle Seite Ko Samuis

2003 wurde das Gesetz zum Grunderwerb geändert und eine Weile kauften Ausländer die Insel auf – mehr als 3 % sollen inzwischen an Westler, meist Engländer, verkauft sein. Inzwischen ist es allerdings wieder etwas schwieriger geworden, Land zu kaufen. Diese Entwicklungen haben in den letzten Jahren zwischen der einheimischen Bevölkerung und den Besuchern zu Spannungen geführt. Gewalttaten und Diebstähle werden immer häufiger und eine Reihe von jungen Urlauberinnen ist in den letzten Jahren vergewaltigt worden. Alleinreisende Frauen sollten in den Bars in Chaweng und Lamai keine Drinks von Fremden annehmen und nicht spät abends allein in abgelegenen Gegenden oder an verlassenen Stränden herumlaufen.

Konstruktive Lösungen für die wachsenden Spannungen zwischen der Bevölkerung und den Besuchern gibt es bisher nicht.

Ko Samui
Der Westen

Preis und dazu ruhige Lage. Motorrad- und Jeepverleih. Frühstück und WiFi im Zimmerpreis inbegriffen.

> **Elements** €€€€€ <021> Phangka Bucht, Tel. 077 914678, www.elements-kohsamui.com. Wer sich wirklich in aller Ruhe verwöhnen lassen will, mit Schwerpunkt auf Gesundheit, liegt bei Elements nicht schlecht. Dieses allerfeinste Boutique Resort hat einen 27 Meter langen Pool, einen sauberen Privatstrand und ein ordentliches Spa. Morgens werden Yogakurse angeboten. Eine luxuriöse Hochzeit lässt sich hier auch organisieren. Untergebracht wird man in sehr eleganten Villas, allesamt mit Jacuzzi oder in kleineren Apartments mit Blick aufs Meer. Billig ist der Spaß freilich nicht. Ab 8500 Baht die Nacht.

> **Emerald Cove Bungalow** €€ <022> Phangka Bucht, Tel. 077 334100, wesinac@hotmail.com. Zehn einfache Bungalows in einer Kokosnussplantage direkt am Strand. Eine der wenigen wirklich preiswerten Unterkünfte in der Gegend.

> **Lipa Lodge** €€€ <023> Tel. 077 423028, www.lipalodgeresort.com. Das erste Boutique-Hotel südlich der Inselhauptstadt Ban Nathon. Moderne Bungalows an einem schönen Strandabschnitt in einer gepflegten Gartenanlage – nur der nahe gelegene Fährenpier ist etwas störend. Dennoch ist es hier viel ruhiger als in den meisten anderen Ecken der Insel. Das Resort bemüht sich, alle Produkte für das angeschlossene Restaurant lokal einzukaufen.

Essen und Trinken

> **Five Islands Restaurant** €€ <024> Taling Ngam, Tel. 077 415359, geöffnet tägl. 11–22 Uhr. Dieses einem Australier gehörende Strandrestaurant bietet nicht nur gute thailändische und westliche Küche mit einer guten Auswahl an Fisch und Meeresfrüchten – die Austern sind

◸ *Gegrillte Tintenfische*

zu empfehlen –, sondern auch fantastische Blicke zu fünf kleinen Inseln, die Ko Samui vorgelagert sind. Der Strandabschnitt hier ist sehr attraktiv und ruhig, der Sonnenuntergang atemberaubend. Der Besitzer arrangiert private Bootstrips (bis zu sechs Personen) zu den Five Islands.

> **Nowi Butchery** €€ <025> an der Hauptstraße, die an Haad Taling Ngam vorbeiführt, findet sich die deutsche Nowi Metzgerei, geöffnet tägl. 10–18 Uhr. Hier, mitten in einer Kokosnussplantage an einem Dorfrand, gibt es deutsche Fleischprodukte – Salami, Schinken, Klopse etc. – vom Feinsten, dazu auch gute Brote, Salatgurken etc. Das Geschäft beliefert zahlreiche Unternehmen auf der Insel, aber individuelle Besucher sind willkommen und einige Tische vor dem Geschäft eignen sich perfekt für ein kleines Picknick. Frischen Kaffee und deutsches Bier gibt es auch. Nichts für Vegetarier.

> **I - Talay Nasai Garden** €€ <026> Taling Ngam, geöffnet tägl. 10–22 Uhr. An einem schneeweißen Strandabschnitt gelegen bietet dieses Restaurant authentische thailändische Gerichte mit besonderem Augenmerk auf Fisch und Meeresfrüchte. Es ist sehr ruhig und einen Sonnenuntergang gibt es hier auch zu sehen.

Der Norden

Der Norden Ko Samuis bietet ruhige und schöne Strände fernab des lauten Trubels der Ostküste. Besonders das ganz stille Mae Nam und das lebendige, aber dezente Bo Phut ziehen viele Urlauber an und in Bang Rak gibt es inzwischen auch eine ganze Menge guter Unterkünfte. Neben dem bekannten Big Buddha ist der Wat Plai Laem wohl der attraktivste Tempel der Insel und auf alle Fälle einen Besuch wert.

⑩ Ao Bang Po ★★ [B6]
อ่าวบางปอ

Der zwischen Ban Nathon und Mae Nam gelegene Strand ist zwar zum Schwimmen nicht sonderlich geeignet, aber die Sonnenuntergänge sind sehr schön. Es geht hier **sehr ruhig** zu, man ist in einer ganz anderen Welt als an Ko Samuis Partystränden.

Unterkünfte

› **Health Oasis Resort** €€ <027> Tel. 077 420124, Fax 077 420125, www.healthoasisresort.com. Ein New-Age-Resort, in dem Yogakurse, Astrologie, Fasten- und Entgiftungskurse angeboten werden. Wer an Kursen teilnimmt, erhält Vergünstigungen bei der Unterkunft. Mit Swimmingpool, direkt am Strand gelegen.

› **Mimosa Resort &Spa** €€€€€ <028> Tel. 077 247740, Fax 077 247513, www.mimosasamui.com. Große Boutique-Zimmer und kleine Villen mit Jacuzzi und privaten Pools in minimalistischem Beton-Chic am Strand. Die Zimmer haben allesamt A.C., TV, DVD-Spieler und WiFi, attraktive Badezimmer, Freiluftduschen und einen Balkon. Gäste können kostenfrei ein kleines Gym benutzen. Das angeschlossene Restaurant und der Swimmingpool liegen direkt am Strand. Außerdem ist das Resort barrierefrei (auch wenn es die Sandstraße, die dorthin führt, nicht ist). Ein Spa gibt es natürlich auch.

Ko Samui 31
Der Norden

⑪ Mae Nam ★★ **[C6]**
แม่น้ำ

Mit einer Länge von ca. 4 km ist dies **einer der längsten Strände der Insel**, dazu einer der schönsten und immer beliebter bei Leuten, denen Lamai und Chaweng zu überlaufen sind. Nebenbei ist er sehr gut zum Schwimmen geeignet. Selbst in der Regenzeit wird es hier nicht allzu stürmisch. In Mae Nam gibt es noch eine Reihe preiswerter Unterkünfte, aber auch hier zeichnet sich eine Entwicklung in Richtung Hochpreistourismus ab.

⑫ Canopy Adventures ★★★ **[C7]**

Wer gerne wie Tarzan (oder Jane) an **Ziplines** durch den Dschungel rast, ist bei Canopy Adventures richtig – hier kann jeder mal den Abenteurer spielen. Ein Spaß für die ganze Familie (allerdings nichts für kleine Kinder). Insgesamt seilt man sich entlang 500 Metern Kabel ab, die zwischen sechs Baumkronen gespannt sind. Getränke gibt es unterwegs auch und man wird von seiner Unterkunft abgeholt. Nach dem Abseilen ergibt sich die Möglichkeit, unter einem Wasserfall zu schwimmen.

❭ Mae Nam Soi 2, Tel. 077 430811, http://canopyadventuresthailand.com/secret-falls-koh-samui/, Eintritt 1500 Baht, geöffnet tägl. 10–17 Uhr

Infos und Reisetipps

Das Reisebüro *Grand Sea Tours* (Tel. 077 427001, www.grandseatours.com) bietet gut organisierte Bootsreisen, unter anderem zum Ang Thong Nationalpark, an. Auch

zu empfehlen ist die Bonus Travel Agency (Tel. 089 1721320, 081 4323241, www.facebook.com/BonusTravelAgency) in Mae Nam, die von einem freundlichen Thai-Paar, Gina und Em, geleitet wird und unter anderem Hotelbuchungen, Taxis, Flug-, Boot-, Zug- und Bustickets organisieren kann. Motorräder können ebenfalls angemietet werden.

Unterkünfte

❭ **Ampha Place Hotel** €€€ <029> Tel. 077 332129, www.samui-ampha-hotel.com. Neben den Moonhut Bungalows, jedoch nicht am Strand, steht das einem freundlichen Schweizer gehörende Hotel, das recht große und makellose Zimmer bietet, vor einem kleinen Pool und einer Bar. Alle Zimmer haben A.C., WiFi, Mini-Bar und TV und sind ihr Geld wert. Ein Restaurant serviert eine kleine Auswahl wirklich guter thailändischer Küche sowie leckere Bratwurst und Steaks. Sehr ruhig.

❭ **Maenam Resort** €€€ <030> Tel. 077 425116, www.maenamresort.com. Sehr gute Bungalows mit A.C. und WiFi, für die Qualität nicht zu teuer. Dazu Familien-Suiten in Wohnungsgröße. Direkt an einem 250 Meter langen privaten Strandabschnitt.

❭ **Moonhut Bungalows** €€€ <031> Tel. 077 425247, www.moonhutsamui.com. Im Osten von Mae Nam, weitab von der Hauptstraße inmitten eines Bambuswaldes gelegen. Solide Bungalows mit und ohne A.C., direkt am Strand. Ein Restaurant ist angeschlossen. Motorrad- und Jeepverleih.

❭ **Phalarn Inn** € <032> Tel. 077 247111, www.phalarninnresort.com. Ganz im Westen der Bucht in der Nähe des Piers für die Lomprayah-Fähren hat diese Anlage preiswerte Bungalows, die um einen kleinen Pool gruppiert sind, nichts Tolles, aber eben billig.

◁ *Ao Bang Po auf Ko Samui*

Ko Samui
Der Norden

Essen und Trinken

› **Angela's Bakery** €€ <033> direkt an der Hauptstraße nahe der Polizeistation, Tel. 077 427396, geöffnet tägl. 10–17 Uhr. Gutes internationales Frühstück, frischer Kaffee, Kuchen, Salate und eine Reihe vegetarischer Gerichte (u. a. Humus) machen dieses kleine Restaurant auch zu einer guten Mittagsoption.

🅱 Haad Bo Phut ★★★ [D7]
หาดบ่อผุด

Sehr populär ist dieser saubere Strand, der allerdings nicht gerade den feinsten Sand aufweist.

Ab hier besteht eine direkte Bootsverbindung nach Ko Phangan. Die Restaurants sind weniger auf Männer als vielmehr auf **Familienurlauber oder Pärchen** abgestimmt, sprich Weinbar statt Bierbar. Dennoch gibt es Jetskis (800 Baht/10 Minuten) zu mieten. Dazu kann man auch Wasserski und Bananenboot fahren und Kajaks mieten. Massagen werden am Strand ebenfalls angeboten

Im Zentrum von Haad Bo Phut liegt das **Fisherman's Village**, einst wohl ein kleines Dorf, inzwischen ein attraktives Touristenghetto mit zahlreichen Geschäften, Hotels und Bars und bietet eine ruhige Alternative zu Chaweng und Lamai. Am Freitag und Samstag wird das Fisherman's Village zur verkehrsfreien Walking Street mit einigen Straßenständen und jeder Menge Essgelegenheiten.

🅲 Samui Gokart ★★★ [D7]

Sehr beliebt ist der Samui Gokart Kurs. Hier können Gokarts in verschiedenen Größen angemietet und wie der Teufel gefahren werden. Aufgepasst, die schwersten Maschinen fahren **bis zu 125 km die Stunde.** Für Kinder gibt es sehr viel langsamere Karts zu mieten. Helme und ein einfaches Training sind im Mietpreis inbegriffen. Billig ist der Spaß allerdings nicht und Preise belaufen sich, je nach Motorgröße, auf zwischen 700 und 1000 Baht für zehn Minuten Rennspaß.

› Bo Phut Hauptstraße, Tel. 077 425097, geöffnet tägl. 9–24 Uhr

🅳 Samui Crocodile Farm ★ [E7]
ฟาร์มจระเข้สมุย

Die Crocodile Farm in der Nähe von Bo Phut bietet die üblichen lebensmüden Shows bei denen unterbezahlte Thais den eigenen Kopf in den Rachen eines riesigen Reptils stecken. Mit Tierschutz hat das freilich nichts zu tun.

Um 12, 14 und 16 Uhr finden Krokodil-Shows statt, um 13, 15 und 17 Uhr werden Schlangen-Shows ge-

◁ *Ein Pavilion am Strand Ao Bang Po*

boten, mit ähnlich sensationellen Tricks. Wer Tiere liebt, bleibt dieser Institution besser fern. Thailand ist einer der größten Produzenten von Krokodilleder und es gibt selbstverständlich auch ein Geschäft, in dem man Portemonnaies und ähnliches erstehen kann. Billig ist das Krokodilleder allerdings nicht.

› Bo Phut, im Inland, Tel. 077 239002, Eintritt 500 Baht, geöffnet tägl. 10–18 Uhr

⑯ Monkey Theatre ★ [D7]
ศูนย์ลิงสมุย

Das Affentheater auf Samui ist eine weitere Institution, in denen Tiere Kunststücke absolvieren und sensible Gemüter erzürnen.

In Thailand werden Affen trainiert, um Kokosnüsse zu ernten. Im Samui Monkey Theatre spielen Affen außerdem Basketball und beeindrucken Gäste mit allerlei schwer erlernten Tricks. Zudem können Kinder hier mit einer vier Meter langen Boa constrictor spielen. Affen-Shows finden um 10.30, 14 und 16 Uhr statt. Wer Tiere liebt, sollte dieser Attraktion fernbleiben.

› Südlich von Bo Phut, an Straße 4169, Tel. 077 245140, Eintritt 150 Baht, Kinder 80 Baht, geöffnet tägl. 10–17 Uhr

⑰ Samui Waterball ★★ [D7]
Auf Ko Samui gibt es fast alles, daher auch Waterball.

Man lässt sich in eine runde Gummisphere einschweißen (man muss mindestens sieben Jahre alt sein, weniger als 125 Kilo wiegen und fit sein) und einen Berg herunterrollen. Angeblich fühlt man sich dann wie ein Astronaut. Diese Attraktion ist dem kleinen Golfklub in Bo Phut angeschlossen.

EXTRATIPP

Achtung Unfallgefahr!
Ko Samui wird von einer mehr oder weniger gut ausgebauten Ringstraße umgeben, sodass es zwar leicht ist, zwischen den Stränden hin- und her zu pendeln, aber das Verkehrsvolumen übersteigt längst die Kapazität der Insel. In der Hochsaison zieht sich durch Chaweng und Lamai ein langer Stau. Ein weiterer Nachteil der Straße ist der stark gestiegene Verkehrslärm, und bei der Auswahl der Unterkünfte sind solche vorzuziehen, die nicht direkt an der Straße liegen; sonst kann es leicht um die Nachtruhe geschehen sein. Außerdem scheint die Straße so manche Leute zum Rasen zu veranlassen, Unfälle mit Touristen und ihren Leihmotorrädern sind sehr häufig. Oft, wenn nicht gar meist, ist Alkohol mit im Spiel. Man sollte unbedingt einen Helm tragen. Das hat schon manchem Besucher das Leben gerettet.

› Tel. 077 430811, http://samuiwaterball.com, Eintritt 750 Baht, geöffnet tägl. 10–17 Uhr

Unterkünfte
› **Cactus Bungalow** €€ <034> Tel. 077 245565, www.cactus-bungalow.com. Das recht lebhafte kleine Resort zieht vor allem jüngere Leute an und hat ein ganz eigenes Flair. Alle Bungalows sind in Rot gehalten und die Betten bestehen aus Steinbetten, auf denen komfortable Matratzen liegen. Das ist besser, als es klingt. Eine Bar und ein Restaurant sind angeschlossen. WiFi gibt es überall.

› **Coconut Calm Beach** € <035> Tel. 077 245965, www.coconutcalmbeach samui.com. Hier gibt es Bungalows verschiedener Bauarten. Manche der kleineren Hütten scheinen nach den Comics

Ko Samui
Der Norden

der Familie Feuerstein gebaut worden zu sein. Ein gutes Restaurant und eine Bar mit einer gewissen Partyatmosphäre an einem sehr schönen Strandabschnitt machen dieses Resort zu einer attraktiven Unterkunft. Die kleinsten und sehr einfachen Bungalows sind ab 500 Baht zu haben.

❯ **Free House Beach Bungalows** €€ <036> Tel. 077 427516, www.freehousesamui. com. Einfache, saubere und preiswerte Bungalows mit attraktiven Kachelböden und Grasdächern direkt am Strand. Für den Preis absolut empfehlenswert. Ein Hochzeitsservice wird auch geboten, komplett mit Elefanten.

❯ **The Lodge** €€€€ <037> Tel. 077 425337, www.lodgesamui.com. Das älteste Guest House in Bo Phut bietet sehr schöne, individuell eingerichtete Zimmer mit Hartholzboden und Meeresblick. Alle Zimmer haben A.C., Fernseher, eine Minibar und einen Safe.

❯ **Zazen Boutique Resort & Spa** €€€€€ <038> Tel. 077 425085, Fax 425177, www. samuizazen.com. Eines der besten Boutique Resorts der Insel mit geschmackvollen Bungalows in einer architektonisch sehr schönen Anlage. Swim-

mingpool direkt an einem makellosen, schneeweißen Strandabschnitt. Das angeschlossene, romantische Restaurant gleichen Namens serviert sehr gute thailändisch-europäische und mediterrane Gerichte. Der Salon de Ti ist im Stil von Louis XVI. ausgestattet, komplett mit Kronleuchtern. Mit gelegentlich stattfindenden Musikvorführungen. Ein Spa und eine Kochschule sind ebenfalls angeschlossen.

Essen und Trinken

❯ **Deutscher Biergarten** €€ <039> Tel. 089 8670913, geöffnet tägl. 10–23 Uhr. Bietet genau das, was der Name verspricht. Dazu eine lange Speisekarte deutscher und thailändischer Gerichte, Fußball-Bundesliga und Formel 1. Bei Joachim bekommt man kein Heimweh. Wem alles zu viel wird, kann direkt nebenan bei Samui Gokart ein paar Runden drehen.

❯ **Karma Sutra** €€ <040> Tel. 077 425198, http://karmasutra.org, geöffnet tägl. 7–1 Uhr. Dieses populäre Restaurant liegt direkt am Eingang vom Fisherman's Village in Bo Phut ein paar Meter vom Jetty des Red Baron Schiffs entfernt in

Einmal den Piraten spielen – eine Fahrt auf dem Red Baron

Wer einmal auf einer echten chinesischen Dschunke segeln will, kann dies von Bo Phut aus tun. Der Red Baron ist ein wunderschönes Gefährt, das aus einem Piratenfilm entkommen scheint und tägliche Ausflüge um Ko Samui unternimmt. Eine zweieinhalbstündige Sonnenuntergangstour, tägl. ab 16.30 Uhr, kostet 2500 Baht. Eine mit Champagner eingeläutete sechsstündige Tour nach Ko Phangan kostet 3000 Baht und eine ganztägige Tour um Ko Samui mit großem Buf-

fet, Obst und nicht-alkoholischen Getränken kostet 3500 Baht. Auf dieser längeren Tour werden auch die kleinen fünf Inseln, die Ko Samui vorgelagert sind, besucht.

Man sollte bedingt vorher anrufen oder auf der Website schauen, welche der Touren gerade laufen. Der Red Baron ankert an einer kurzen Holzpier direkt im Zentrum des Fisherman's Village.

❯ *Tel. 083 5547305,*
  www.redbaron-samui.com

zwei traditionellen chinesischen Dorfhäusern. Echter Hippieschick und sanfte Trancemusik sorgen für ein sehr relaxtes Ambiente. Das Essen ist auch nicht schlecht – thailändische Standards und mediterrane Küche mit französischem Einfluss.

> **Kohinoor** €€ <041> geöffnet tägl. 13–22 Uhr. Dieses indische Restaurant serviert sowohl bekannte Standardgerichte wie Chicken Tikka als auch etwas ungewöhnlichere Speisen, zum Beispiel einen leckeren vegetarischen Kebab. Wer sein Essen würzig will, sollte dies unbedingt betonen: Im Kohinoor wird sehr milde gekocht.

> **Samui Spice** €€ <042> Tel. 077 246008-9, geöffnet tägl. 12–23 Uhr. Dieses schicke Restaurant bietet gehobene thailändische Küche und internationale Standardgerichte in einem bunten Ambiente mit tollen Strandblicken. Die Weinliste ist umfangreich. Auch für Rollstuhlfahrer ohne Probleme besuchbar.

Nachtleben

Das Nachtleben in Bo Phut erschöpft sich in einer Handvoll Pubs und Bars, es geht hier sehr viel ruhiger und weniger vulgär zu als an den Hauptstränden Chaweng und Lamai. Hier kann man abends durchaus weggehen, ohne von Transvestiten oder anderen Nachtwesen angefallen zu werden – was für manch einen Urlauber vielleicht langweilig erscheinen mag. Die Bars reihen sich im Fisherman's Village an beiden Straßenseiten aneinander.

> **The Pier** €€€ <043> Tel. 077 430681, www.thepier-samui.com, geöffnet tägl. 12–1 Uhr. The Pier ist eine große schwarze Kiste, direkt am Strand. Diese edle Bar, ganz in dunklem Holz ausgestattet, bietet eine endlose Cocktailliste, schickes, minimalistisches Mobiliar und spektakuläre Sonnenuntergänge im Her-

zen des Fisherman's Village. Zu essen gibt es auch, Fusion Thai und europäisch, aber der Hauptgrund, hier haltzumachen, ist das schicke Ambiente, das zum Trinken von feinen Weinen einlädt.

⑱ Big Buddha Beach (Hat Bang Rak oder Wat Phra Yai) ★★ [E6]

หาดพระใหญ่ (หาดบางรักและหาดพระใหญ่)

Big Buddha Beach ist eine schöne, ca. 3 km lange Bucht, die von dem allerorts bekannten „Big Buddha" überblickt wird und mit einem feinen Sandstrand ausgestattet ist. Je nach Gezeiten ändert sich die Strandfläche jedoch kolossal, von auslaufend weit bis zu nur meterschmal. Bedingt durch die Touristenfülle in Lamai und Chaweng ist dieser Strand in den letzten Jahren immer populärer geworden, alles geht hier irgendwie geordneter und ruhiger zu.

⑲ Big Buddha (Phra Yai) ★★★ [D6]

พระใหญ่

Sehr imposant ist der Big Buddha oder Phra Yai, eine riesige goldene Buddhafigur, die auf einer kleinen Insel, Ko Faan, errichtet wurde.

Der Tempel ist über einen künstlich angelegten, aufgeschütteten Weg zu erreichen. Die Figur, 12 m hoch, gibt aus allen möglichen Himmelsrichtungen und zu allen Tageszeiten ein gutes Fotomotiv ab. Um die Figur herum ist ein Tempel errichtet worden, Wat Phra Yai. Die Blicke in die Bucht sind sehr schön, vor allem zum Sonnenuntergang. Um den Tempel gibt es zahlreiche Geschäfte, die attraktive Baumwollhemden und T-Shirts verkaufen.

> Im Norden der Bang Rak Bucht, Eintritt frei, geöffnet tägl.

36 Ko Samui
Der Norden

Unterkünfte

❯ **Secret Garden** €€€ <044> Tel. 077 245255, www.secretgarden.co.th. Einfache, aber ordentliche A.C.-Bungalows direkt am Strand bietet dieses von einem seit 30 Jahren in Asien lebenden Engländer betriebene Resort. Die etwas weiter vom Strand entfernt liegenden Bungalows haben zwei Zimmer und sind insgesamt preiswerter. Das angeschlossene Sea Breeze Restaurant serviert thailändische Küche und Meeresfrüchte. Das Frühstück ist im Zimmerpreis inbegriffen. Alle Bungalows offerieren WiFi, TV, CD- und DVD-Spieler sowie Kaffee und Tee.

❯ **Shambala Beach Bungalows** €€ <045> Tel. 077 425330. Ordentliches, kleines Resort mit einfachen, etwas alten Bungalows zu vernünftigen Preisen, direkt am Strand.

❯ **The Scent** €€€€€ <046> Tel. 077 960123, Fax 077 962199, www.thescenthotel. com. Alle Zimmer sind entweder in kolonialem oder chinesischem Stil eingerichtet, viel schwerer Prunk also, verteilt um einen Swimmingpool, schön an einem makellosen Strandabschnitt gelegen. Die Zimmer haben A.C., WiFi, DVD-Spieler etc. Ein Spa und Restaurant sind angeschlossen, Kajaks sind für Gäste kostenlos zu benutzen. Wer die Ruhe in glanzvoller Umgebung sucht, liegt hier richtig.

❯ **Tuk Tuk Hotel** € <047> Tel. 081 0001118, www.tuktukbar.com. Einfach und preiswert ist das Tuk Tuk Hotel. Die Zimmer sind sauber, das Resort liegt in Strandnähe und wer neue Freunde und eine sanfte Partyatmosphäre sucht, ist hier gut aufgehoben. Für sehr preisorientierte Gäste gibt es auch einen Schlafsaal mit Betten für 300 Baht. Ein Restaurant ist angeschlossen. Das Tuk Tuk liegt allerdings nicht direkt am Strand, aber für den Preis kann man auch nicht alles erwarten.

Essen und Trinken

❯ **BBC** €€ <048> Tel. 077 425089, www. bbcrestaurant.com, geöffnet tägl. 8–23 Uhr. Nicht schlecht und in guter Lage neben dem Big Buddha ist das BBC Restaurant. Neben einer langen Liste toller thailändischer Gerichte (mit Betonung auf Fisch und Meeresfrüchten) gibt es auch Fish 'n' Chips. Die Abkürzung BBC steht für Big Buddha Café und liegt auch ganz in der Nähe des Monuments.

❯ **Lae Lay Esan Restaurant** €€ <049> geöffnet tägl. 11–22 Uhr. Gerichte aus Südthailand und Issan – dem Nordosten des Landes – direkt am Strand, abends ein kühler, gemütlicher Platz, um das Essen zu genießen. Vorsicht, traditionell ist das Essen aus Issan sehr scharf. Also am besten beim Bestellen erwähnen, wie viel Chili auf den Teller kommen soll.

❯ **Ocean 11** €€€ <050> Tel. 077 245134, www.o11s.com, geöffnet tägl. 8–23 Uhr. Das Ocean 11 gehört zwar weder Brad Pitt noch George Clooney, serviert jedoch sehr gute thailändische Küche mit Blick auf Ko Phangan und den Big Buddha, perfekt für den Sonnenuntergang. Eine A.C.-Bar ist angeschlossen. Kognak und Zigarren gibt es auch. WiFi. Da bleibt nichts, als das nächste Verbrechen zu planen.

⑳ Haad Choeng Mon, Haad Thong Sai, Haad Thong Son ★★ [E6]

หาดเชิงมน, หาดท้องทราย, หาดทองสน

Der Nordostzipfel von Ko Samui ist eine der ruhigsten Ecken der Insel, einige der dort befindlichen kleinen Buchten sind sogar einsam.

Recht beschaulich geht es noch in den Buchten von Choeng Mon und Thong Sai zu und die weiter westlich gelegene Haad Thong Son ist vom üblichen Touristentrubel fast gänz-

Ko Samui

Der Norden

lich abgeschieden. Hier ist der Strand (sehr malerisch, aber nicht atemberaubend) nur über Trampelpfade zu erreichen. Ringsherum reiht sich eine Kokospalme an die andere.

㉑ Wat Plai Laem ★★★ **[E6]**

วัดปลายแหลม

Absolut der besuchenswerteste Tempel auf Ko Samui. Wat Plai Laem ist neu, kitschig und farbenfroh.

Dieser buddhistische Tempel hat einen starken chinesischen Einfluss und ist höchst imposant. Zwei gigantische Statuen flankieren ein großes Ubosot, eine Gebetshalle, die auf einer Plattform mitten in einem künstlichen See ruht. Rechts vom Ubosot steht eine riesige mehrarmige, weiße Statue von Guan Im, ein chinesisches Bodhisatva, also erleuchtetes Wesen. Rechts vom Ubosot sitzt ein großer, korpulenter Buddha auf einer weiteren Plattform. Alles ist grell bemalt und man hat das Gefühl, in einem religiösen Disneyland gelandet zu sein. Großartig. Nicht verpassen.

❯ Zwischen Bang Rak und Choeng Mon landeinwärts, Eintritt frei, geöffnet tägl.

㉒ Fußball-Golf ★★ **[E6]**

Fußball-Golf funktioniert wie Golf, aber man kickt einen Fußball von Loch zu Loch.

In Thailand gibt es wirklich alles. Die 18 Löcher sind selbstverständlich größer als auf einem herkömmlichen Golfplatz. Ko Samui hat übrigens den einzigen Fußball-Golfplatz Asiens. Nach dem Spiel (eine Runde soll ungefähr 70 Minuten dauern) gibt es ein Freibier.

❯ Im Hinterland von Choeng Mon, Tel. 089 7717498, Eintritt 500 Baht, geöffnet tägl. 9–18.30 Uhr

Unterkünfte

❯ **Choengmon Garden Home** €€ ‹051› Tel. 089 7291774, www.choengmongarden-home-samui.com. Ca. 300 Meter vom Strand entfernt gibt es kleine, aber sehr ordentliche Häuschen, allesamt in einem gepflegten, schattigen Garten mit Kokosnussbäumen zu mieten. Mieter haben die Wahl zwischen drei Größen dieser Steinbungalows, die täglich, wöchentlich (ab 4000 Baht) und monatlich (ab 10.000 Baht) angemietet werden können.

❯ **Island View** €€ ‹052› Tel. 077 425583, www.islandviewsamui.com. Ordentliche einfache Bungalows am Haad Choeng Mon, die allerdings eng aneinander stehen. Für den Preis (Zimmer ab 800 Baht) allerdings nicht schlecht. Alle Bungalows haben A.C., TV, WiFi und es ist möglich, Motorräder zu leihen.

❯ **Six Senses Samui** €€€€ ‹053› Laem Samrong, Tel. 077 245678, www.sixsenses. com/sixsensessamui. Wer den blanken Luxus sucht, findet ihn hier in dieser erstklassigen Ferienanlage am Nordostzipfel Ko Samuis, die neben absolut eleganten Bungalows mit privaten Pools und Open-Air-Badezimmern an einem Berghang mit perfekten Blicken über die Bucht auch ein Spa und zwei Restaurants bietet. Der Garten, in dem sich das Resort befindet, ist eher ein Dschungel, und Gäste werden in Golf-Buggies zwischen ihren kleinen Villen und den Restaurants herumgefahren.

❯ **The White House** €€€€ ‹054› Tel. 077 425233, Fax 077 245318, www. samuithewhitehouse.com. The White House hat noch keinen amerikanischen Präsidenten gesehen, gut genug für diesen Anlass wäre es aber. Die 40 traditionellen Thai-Häuser dieses Resorts befinden sich in abgeschiedener Lage, die Zimmer sind geschmackvoll eingerichtet und von dichter, tropischer Vegetation umgeben.

Essen und Trinken

> **Honey Restaurant** €€ <055> Choeng Mon, Tel. 077 245032, www.honeyseafood.com, geöffnet tägl. 12–23 Uhr. Absolut empfehlenswert ist dieses elegante Restaurant direkt am Haad Choeng Mon. Der Fokus der Speisekarte liegt auf Fisch und Meeresfrüchten, die allesamt auf thailändische Art, jedoch auf den Besucher abgestimmt, serviert werden.

> **Le Pecore Nere** €€ <056> Choeng Mon, geöffnet tägl. 12–22 Uhr. Trotz des französischen Namens sind es die sehr guten Pizzen, die dieses kleine Strandrestaurant besonders machen. Solide italienische Küche.

Der Osten

Die Ostküste Ko Samuis hat die **längsten und beliebtesten Strände**, allerdings sind hier keine Sonnenuntergänge zu sehen. Chaweng hat die dichteste Konzentration an Unterkünften, Restaurants, Bars, Internet-Cafés, Banken etc. auf der Insel. Die meisten Bungalow-Kolonien und Resorts sind **in den oberen Preisklassen** angesiedelt. Low-Budget-Unterkünfte sind selten geworden, dennoch gibt es noch einige. In den Monaten Dezember oder Januar kann es jedoch so voll sein, dass man zunächst einmal eine teurere Unterkunft nehmen muss, um überhaupt etwas zu bekommen; am nächsten Tag kann man sich dann auf die Suche nach etwas Preiswerterem machen. Auch superteure Resorts und Spas haben sich in den letzten Jahren in Chaweng angesiedelt.

Chaweng ist der längste Strand der Insel und unterteilt sich in Chaweng Yai („Großer Chaweng") im Norden und Chaweng Noi („Kleiner Chaweng") im Süden. In Chaweng gibt es alles – von Fast-Food-Ketten bis zum 5-Sterne-Restaurant, hier werden Gerichte aus aller Welt geboten. Die **Preise sind meist gehoben**, aber grundsätzlich lässt es sich hier besser essen als in manch anderen Touristengettos. Die Auswahl an Restaurants ist einfach riesig.

Weiter südlich liegt **Lamai**, der zweite **Partystrand** der Insel, der in den letzten Jahren in eine gigantische Ansammlung von eng aneinandergereihten Resorts und Bars gewachsen ist.

㉓ Chaweng Yai ★★★ [D7]
เฉวงใหญ่

Der Strand Chaweng Yai („Großer Chaweng"), der längere der beiden Strände, ist durch ein **Riff** in zwei Hälften geteilt. In der Hauptsaison liegt hier Körper an Körper. Der Sand ist schneeweiß und das Wasser klar und aus diesem Grund ist der Strand ungeheuer beliebt. Nachts geht es in der Soi Green Mango hoch her – Tanzklubs, Bars und Hostessen-Bars reihen sich aneinander. Der **Sextourismus** ist hier sehr prominent.

㉔ Chaweng Box Stadion ★★ [D7]
เวทีมวยเฉวง

Wer einen kleinen Einblick in die Welt des thailändischen Nationalsports, den Thai-Boxkämpfen, erhalten möchte, sollte am Chaweng Box Stadion vorbeischauen.

Ganz so professionell wie in den Stadien in Bangkok geht es hier freilich nicht zu, aber man bekommt einen Eindruck, wie **unterhaltsam aber auch brutal** Muay Thai ist. Die Arena befindet sich an der Nordseite der Thawirat Phakdi Road. Man achte auf Poster und Lautsprecherwagen,

Ko Samui
Der Osten

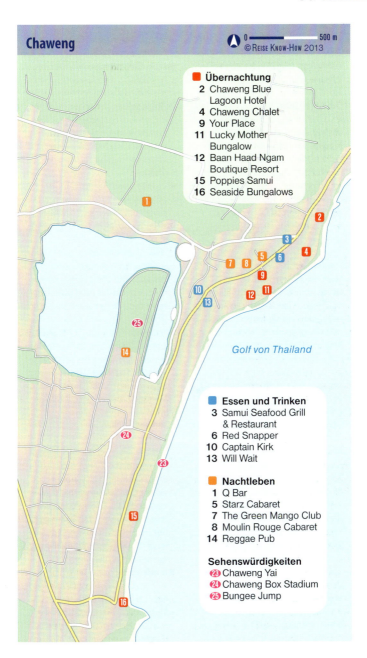

Der Osten

die die Strandstraßen abfahren und neue Boxtermine verkünden.

❯ Eintritt Ab 500 Baht, geöffnet dienstags und freitags soweit nicht anders bekannt gegeben.

㉕ Bungee Jump ★★ [D7]

Wer einen Bungee Jump wagen will, kann dies auf Ko Samui tun. Gesprungen wird 50 Meter über einem Pool. Alle, die dies wagen wollen, werden in ihren Resorts abgeholt. Gäste sind willkommen. Es wird gegrillt und ein DJ legt auf.

❯ Soi Reggae, Tel. 077 414252, www. samuibungy.com, Eintritt 1900 Baht, geöffnet tägl. 10.30–17 Uhr

Unterkünfte

■ Baan Haad Ngam Boutique Resort €€€€ <057> Tel. 077 231500, 02 719769220, Fax 231520, www.baan haadngam.com. Dieses Luxus-Resort teilt sich in zwei moderne Bauten mit insgesamt 28 Zimmern und 12 Bungalows. Alle Bungalows und Zimmer haben einen Jacuzzi, DVD-Spieler, Safe, WiFi und eine Mini-Bar. Spa und Swimmingpool sind ebenfalls vorhanden. Eigentlich perfekt, aber die Nähe zur Hauptstraße kann etwas störend sein. Dem Resort ist auch das gute italienische Olivio Restaurant angeschlossen, mit Strandblick.

■ Chaweng Blue Lagoon Hotel €€€€€ <058> Tel. 077 422037-40, Fax 422401, www. bluelagoonhotel.com. Luxus-Resort, mit komfortablen Zimmern (A.C., TV, Mini-Bar), Swimmingpool und Sportmöglichkeiten. Das Restaurant liegt direkt am Strand und die Bungalows, die in einem gepflegten Garten untergebracht sind, sowie die Lobby sind gerade renoviert worden.

■ Chaweng Chalet €€€ <059> Tel. 077 413732, Fax 413731. Gut eingerichtete, einfache und rustikale Bungalows und Zimmer mit A.C. Dazu ein Restau-

rant mit internationaler Küche direkt am Strand gelegen. Vor allem für Partymenschen geeignet.

■ Lucky Mother Bungalow €€ <060> Tel. 077 230931. Eine Sparoption, einfache aber saubere Bungalows nahe dem Strand gelegen. Teilweise mit A.C. Die Besitzerin ist nicht immer freundlich und nachts bellen gelegentlich Hunde. Die ruhigsten Bungalows sind weiter vom Strand entfernt. Dennoch den Zimmerpreis wert.

■ Poppies Samui €€€€€ <061> Tel. 077 422419, Fax 422420, www.poppies samui.com. Dieses Boutique Resort ist klein, fein und teuer. Die 24 gut ausgestatteten Bungalows scharen sich um einen traumhaft schönen Garten, in dem ein eleganter Pool und ein Jacuzzi zu finden sind. Zwei Kinder können kostenlos mitwohnen. The Poppies Restaurant serviert eine breite Palette thailändischer Gerichte.

■ Your Place € <062> Tel. 077 230039. Einfache Rattan- und Steinbungalows mit und ohne A.C. im Norden von Chaweng. Kein schlechter Deal an diesem teuren Strand. Ein Restaurant sowie ein Massage-Service sind angeschlossen.

Essen und Trinken

■ Captain Kirk €€ <063> Tel. 081 2705376, geöffnet tägl. 17–1 Uhr. Das Captain Kirk hat nichts mit dem Raumschiff Enterprise zu tun, wird von einem belgischen Chef geleitet und bietet gutes Seafood auf thailändische und mediterrane Art in einem Dachgarten an der Chaweng Beach Road. Die Gäste sind meist jung und ein DJ legt auf. Ein gutes Abendessen vor der Party.

■ Red Snapper €€ <064> Tel. 077 422008, www.redsnappersamui.com, geöffnet tägl. 17–23 Uhr. Gediegenes Fisch- und Meeresfrüchte-Restaurant, das allerdings auch allerlei andere, exotische Gerichte serviert, zum Beispiel Krokodilsteak. Obskure und sehr gut schmeckende thailändische Teller, wie der Bananenblütensalat, sind einen Besuch wert. Wer einmal etwas anderes als die Touristenstandardgerichte essen will, ist hier richtig und die Preise sind vernünftig.

■ **Samui Seafood Grill & Restaurant** €€€ <077> Tel. 077 429700, geöffnet tägl. 9–23.30 Uhr. Dieses sehr gute Restaurant ist unter einem kühlenden Grasdach in einem tropischen Garten gut aufgehoben. Die Auswahl an Meeresfrüchten und Fischen ist jeden Abend am Eingang sehr attraktiv präsentiert, sodass Gäste schon Hunger haben, bevor sie überhaupt Gelegenheit bekommen, sich zu setzen. Alles kann auf thailändische oder europäische Art zubereitet werden. Der Service ist ein bisschen langsam, aber das Essen ist gut und die traditionellen, allabendlich aufgeführten Tänze lassen für die meisten Gäste die Zeit rasch verfliegen.

■ **Will Wait** € <065> Tel. 077 321152, geöffnet tägl. 7–1 Uhr. Eines der billigsten Restaurants in Chaweng (eine weitere Filiale ist in Chaweng Noi zu finden), das ordentliches Frühstück, Mittag- und Abendessen zu vernünftigen Preisen bietet. Die üblichen thailändischen Standardgerichte stehen alle auf der Speisekarte, dazu auch westliche Speisen. Wer auf Sparflamme Urlaub macht, ist hier genau richtig.

Nachtleben

■ **Moulin Rouge Cabaret** <066> in einer Seitenstraße der Chaweng Beach Road nahe dem Burger King, Tel. 082 8154843, Shows um 20, 21.30 und 23 Uhr, Eintritt frei. Thailand ist für seine Katoey, also Ladyboys (Transvestiten und Transsexuelle), bekannt, die in jedem Tourismuszentrum in Nachtklubs Tanzshows veranstalten. Das Moulin Rouge ist eine der beliebten Ladyboy-Shows in Chaweng. Eintritt ist frei, daher

sind die Getränke teuer. Die erste Show ist familienorientiert, je später der Abend desto wilder werden die Tanznummern.

■ **Reggae Pub** <067> im Zentrum Chawengs etwas landeinwärts hinter einer Lagune, geöffnet tägl. 17 Uhr bis spät in die Nacht. Wer das Tanzbein schwingen will, ist in dem seit Mitte der 1980er-Jahre geöffneten Reggae Pub in Chaweng ganz richtig. Ein weiterer gigantischer Klub, in dem allerdings nicht nur Reggae läuft. Der Pub ist eine Institution, bis 2 Uhr morgens geht die Post ab. Umgeben ist der Reggae Pub von zahlreichen Beer-Bars, deren weibliche Angestellte auf alleintrinkende Männer warten. Das Essen im Reggae Pub ist nicht umwerfend.

■ **Starz Cabaret** <068> Chaweng Beach Road, Tel. 084 7449074, Shows um 20.30 und 22 Uhr, Eintritt frei. Dieses Ladyboy-Cabaret bietet sowohl Discotanznummern als auch traditionelle Vorstellungen und viel Humor. Nach der Show können sich Gäste mit den Repräsentanten des 3. Geschlechts fotografieren lassen. Aufgepasst, die Getränke sind nicht billig.

■ **The Green Mango Club** €€ <069> im Zentrum Chawengs, www.thegreenmango club.com, geöffnet tägl. 17 Uhr bis tief in die Nacht. Direkt im Zentrum von Chaweng in der nach dem Klub benannten Soi (Straße) ist dies einer der populärsten Klubs der Insel. Green Mango hat Platz für über tausend Gäste und die sind oft auch da. Die DJs legen Dance Music und Pop auf, gelegentlich spielen Bands. Diverse andere Bars in der Soi sind bis spät in die Nacht geöffnet, in den meisten Beer-Bars gibt es Hostessen sowie Billardtische. Es gibt sogar einen Klub, komplett mit Glasfenstern ausgestattet, in dem europäische, sprich russische Tänzerinnen Passanten animieren.

Gegenüber dem Green Mango Club sorgt der **Sweet Soul Club,** www.the

greenmangoclub.com/sweet-soul.html, bis spät in die Nacht für Unterhaltung und, wie die Website verspricht, jede Menge Hedonismus.

- **Q Bar** €€€ <070> Tel. 077 962420, www.qbarsamui.com, geöffnet tägl. 17 Uhr bis spät in die Nacht. Die Q Bar Samui, die sich auf einem Hügel etwas nördlich des Sees hinter Chaweng befindet, ist eine der beliebtesten Adressen für Nachtschwärmer. Es treten jeden Monat Gast-DJs auf und von Ibiza-artigen Partys bis zu Drum 'n' Bass-Abenden wird alles an zeitgenössischer Tanzmusik aufgelegt. Der Blick von der Lounge Bar über die Hügel hinter Chaweng ist am frühen Abend auch nicht schlecht. Eine große Auswahl an Thai-Snacks gibt es im Q Bar Restaurant. Wer nur einmal auf Ko Samui weggeht, sollte hier vorbeischauen.

Einkaufen

Eine Walking Street öffnet abends im Zentrum Chawengs. Es gibt Bademoden, T-Shirts, die üblichen Souvenirs vom Festland und allerlei Gutes zu Essen. Dazu werden Cocktails zu lautem Techno serviert.

㉖ Chaweng Noi ★★★ [D8]

Chaweng Noi („Kleiner Chaweng") ist ruhiger und kleiner als Chaweng Yai, der Strand liegt etwas weiter vom grellen Nachtleben entfernt. Aus diesem Grund ist dieser Strandabschnitt auch familienfreundlicher, sprich weniger Sextourismus als der große Bruder weiter nördlich.

Unterkünfte

› **Imperial Samui** €€€€€ <071> Tel. 077 422020 36, Fax 422396, www.imperialhotels.com. Großes Luxus-Resort mit mediterraner Architektur, 141 Zimmern mit A.C., TV und Mini-Bar. Dazu ein Swimmingpool an einem von Felsen umringten Strandabschnitt, ein weiterer Pool liegt an einem Hang oberhalb des Strandes. Günstigere Rate bei Buchung über die Website (ab ca. 80 US$). Segeln und Windsurfing möglich, Kajaks können gemietet werden.

› **New Star Beach Resort** €€€€€ <072> Tel. 077 422407, Fax 422325, www.newstarresort. Gut eingerichtete A.C.-Bungalows, Zimmer mit Balkon und kleine Strandvillen in einer schönen Anlage mit großem Pool. Freundlicher Service, ein Restaurant, das auch als Kochschule fungiert, und ein Spa runden das Programm ab. Sehr ruhig und nichts für Partyleute.

› **Samui Yacht Club** €€€€ <073> Tel. 077 422225, Fax 422400, www.samuiyachtclub.com. Sehr gut ausgestattete, romantische Bungalows mit A.C. in gepflegter Gartenanlage in der Bucht Ao Thong Takian südlich von Chaweng Noi. Eine sehr gute Wahl, vor allem in der Nebensaison. Mit Swimmingpool und gelegentlichen traditionellen Tanzvorstellungen. Bei Buchung wird man vom Flughafen abgeholt.

- **Seaside Bungalows** €€ <074> Tel. 077 422364, benjaporn2022@hotmail.com. Etwas alte aber ordentliche Bungalows, teilweise mit A.C. Keine schlechte Wahl für den relativ niedrigen Preis und sehr ruhig und freundlich.

› **Thong Takian Villa** €€€ <075> zwischen Chaweng und Lamai, Tel. 077 230978, www.thongtakian.com. Unterschiedliche, einfache Bungalows, z. T. mit A.C., teils sehr gut, teils mäßig an einem sauberen und ruhigen Strandabschnitt. Internet, Swimmingpool und Motorradverleih.

Essen und Trinken

› **Dr. Frogs** €€ <076> Chaweng Noi Süd, Tel. 077 448505, www.drfrogssamui.

com, geöffnet tägl. 12–23 Uhr. Ein Restaurant, in dem es gediegener zugeht, als es der Name vermuten lässt. Auf der Speisekarte sind vor allem italienische und einheimische Gerichte zu finden. Auch der Blick über Chaweng Noi ist schön.

❯ **The Cliff** €€€ <078> auf der Landzunge zwischen Chaweng Noi und Lamai, Tel. 077 448508, geöffnet tägl. 12–23 Uhr. Eine der besten Aussichten auf Samui. Die Speisekarte hat mediterranes Flair und ist auf Seafood ausgerichtet. Die Preise sind gehoben, das Gemüse ist durchweg Bio und der Fisch wird von auf Samui ansässigen Fischern täglich gefangen. Gut für einen romantischen Abend zu zweit.

㉗ Lamai ★★   [D9]
ละไม

Ko Samuis beliebtester Strand ist ca. 4 km lang und nicht unbedingt mit dem attraktivsten Sand gesegnet, der hier etwas grobkörnig und nicht gerade paradiesisch weiß ausfällt. Das Wasser ist jedoch **recht gut zum Schwimmen geeignet** und die zahlreich vorhandenen Bars und Discos tun das Übrige, um den Lamai Beach zum meistbesuchten Strand der Insel zu machen. Dementsprechend finden sich hier mittlerweile fast 100 Bungalow-Unterkünfte, die das gesamte Gelände in einen Hüttenwald verwandeln.

㉘ Muay Thai Box Stadion ★★ [D9]
เวทีมวย

In diesem Stadion geht es montagabends hoch her. Nicht so professionell wie in Bangkok, aber zumindest wird gekämpft und nicht nur posiert.
Muay Thai ist Thailands Nationalsport – brutal, hart und um einiges

schneller als das Boxen Muhammed Alis. Gelegentlich kämpfen auch Frauen.

❯ Soi Had Lamai, Eintritt ab 500 Baht, geöffnet montags 20.30 Uhr

㉙ Frauenboxen ★   [D9]

Samstagabends boxen die Prostituierten Lamais mitten im Dorfzentrum gegenüber der Fusion Bar.
Dabei geht es weniger um Sport – keine der Damen ist in irgendeiner Weise boxerisch ausgebildet –, sondern um das reine Spektakel. Der Eintritt ist frei, aber man sei gewarnt, die umliegenden Beer-Bars erhöhen stillschweigend die Preise und ziehen die Touristen über den Tisch bzw. über die Bar.

❯ Lamai Zentrum, Eintritt frei, geöffnet samstags 21.30 Uhr

㉚ Coco Splash Waterpark ★★ [D8]

Ein Wasserpark für Familien mit drei großen Rutschen und Pools. Ein Restaurant ist angeschlossen.

❯ Lamai, Tel. 081 0826035, http:// samuiwaterpark.com, Eintritt 250 Baht, Kinder unter 85 cm kostenlos, geöffnet tägl. 10.30–17.30 Uhr

㉛ Samui Aquarium und Tiger Zoo ★   [D9]
สถานแสดงพันธุ์สัตว์น้ำและสวน เสือ สมุย

Eine der Hauptattraktionen der Insel, der Tiger Zoo, ist nicht jedermanns Sache. Manche Besucher lieben es, sich mit einem Tiger-Baby fotografieren zu lassen. Andere halten dieses Areal für absolute Geldmacherei und meinen, dass die Tiere hier leiden.
Viele der Käfige sind nicht unbedingt sauber und das Aquarium ist in traurigem Zustand. Tiger-Zoos sind in Thailand heftig umstritten, da diese

Ko Samui
Der Osten

Institutionen auf rein kommerzieller Basis ohne jegliche Zusammenarbeit mit seriösen zoologischen Institutionen agieren. Das Unternehmen ist an das Samui Orchid Resort angeschlossen, das eine etwas unfreundliche Atmosphäre ausstrahlt, die an ein abgenutztes öffentliches Strandbad erinnert. Gäste kommen kostenlos in die Tiger-Show. Aufgrund der Show ist das Gelände nachmittags nicht gerade ruhig. Seelöwen-Shows finden um 13.30 Uhr statt, Tiger-Shows um 14.30 Uhr. Der Autor rät von Besuchen dieser Tiershows ab.

❯ Am Südende von Lamai, Tel. 077 424017, www.samuiaquariumandtigerzoo.com, Eintritt 750 Baht, 450 Baht für Kinder, geöffnet tägl. 9–18 Uhr

③② Samui Namuang ATV Park ★★ [C9]

Ein paar Kilometer westlich von Lamai befindet sich ein ATV-Gelände. Billig ist der Vierradspaß nicht, aber dennoch scheinen viele Besucher begeistert. Eine wahlweise ein- oder zweistündige Tour mit einem Quad Bike oder All Terrain Vehicle (ATV) führt an Wasserfällen und Dörfern vorbei, dabei hat man auch die Gelegenheit, durchs Gelände zu heizen.

❯ Namuang, www.kohsamui-tourism.com/samui-tour-sport-atv-adventure.htm, Eintritt 1600 Baht für 1-stündige, 2500 Baht für 2-stündige Tour, geöffnet tägl. 9, 11.30. 14.30 Uhr

Unterkünfte

❯ **Beer's House Bungalow** €€ <079> Tel. 077 230467, www.shopart.com/thailand/beershouse.html. Im kühlen Schatten von Kokosnusspalmen hat diese preiswerte Anlage solide Bungalows sowohl direkt am Strand als auch etwas weiter entfernt. Das angeschlossene Restaurant direkt am Wasserrand bietet thailän-

dische und europäische Gerichte. Ruhig und abgelegen.

❯ **Flower Paradise Röstiland Bungalow** € <080> Tel. 077 418059, www.samuiröstiland.com. Am nördlichsten Zipfel von Lamai liegt dieses kleine, charmante und etwas abgewohnte Resort, das von einem Deutschschweizer betrieben wird und sich seiner Röstis rühmt. Nette Anlage mit verschiedenen Bungalows und Chalets, ca. 5 Minuten vom Strand entfernt. Sehr ruhig. Kostenfreies WiFi im Restaurantbereich.

❯ **Lamai Chalets** €€ <081> Tel. 077 424654, www.lamai-chalets.com. Nördlich der Großmutter- und Großvaterfelsen bietet diese Ferienanlage einfache, weit auseinander stehende Holzbungalows mit Bad sowie neuere Steinbungalows, auch für Familien. Dazu ein Restaurant, Swimmingpool und Billardtisch, es wird Deutsch gesprochen. WiFi ist kostenlos und Frühstück (für Schlafmützen bis 9 Uhr) ist im Zimmerpreis inbegriffen. Freitag ist Grillabend.

❯ **Renaissance Ko Samui Resort & Spa** €€€€€ <082> Tel. 077 429300, Fax 429333, www.marriott.com/hotels/travel/usmbr-renaissance-koh-samui-resort-and-spa. Am Laem Nam Beach etwas nördlich von Lamai bietet dieses Luxus Resort sehr private, kleine Ferienvillen und luxuriöse Zimmer mit Badewanne auf dem Balkon in einer tropisch wilden Gartenanlage, die zu einem Swimmingpool vor einem schönen Strandabschnitt führt. Kein billiger Spaß, aber die Villen sind wirklich makellos.

❯ **Starbay Beach** €€€ <083> Tel. 077 424546, Fax 424547, www.starbaybeach.com. Am Nordende des Strandes liegt das von einem Deutschen geleitete Resort, das bemerkenswert große Bungalows, fast schon Häuser, im nordthailändischen Stil bietet, gelegen in einer dschungelartigen Gartenanlage. Es gibt Kochmöglichkeiten. Der Service ist aller-

Ko Samui
Der Osten

Na-Muang-Wasserfälle
น้ำตกหน้าเมือง

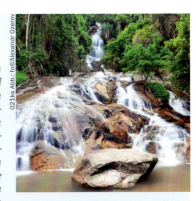

Dieser 20 Meter hohe Wasserfall im Südosten der Insel führt nur während und nach der Regenzeit Wasser. Von März bis Juli ist meist nicht viel zu sehen. Der Wasserfall ist problemlos von der Straße, die Nathon mit Lami verbindet (4169), zu erreichen. Die kleine Zubringerstraße führt zu einem Parkplatz, um den sich Essensstände scharen. Zum Wasserfall sind es zu Fuß nur ein paar Minuten und wenn es nicht zu voll ist, kann man in einem Pool unterhalb des Falles schwimmen. Von Na Muang aus ist es möglich, zwei Kilometer nördlich zum Na-Muang-2-Wasserfall weiterzulaufen. Der Marsch dauert ca. 30 Minuten. Besuchern, denen dies zu weit ist, können hier auch per Elefant hinkommen. Kostenpunkt 700 Baht bzw. 400 Baht für Kinder. Auch dieser Wasserfall führt nicht immer Wasser und ist noch kleiner als Na Muang 1.

Vorsicht: Am Parkplatz wird man oft von jungen Männern belästigt, die versuchen, Besucher in den nahegelegenen Na Muang Safari Park zu bringen. Wer mit diesen „Führern" mitgeht, wird schwer bedrängt, viel Geld für den Transport zu zahlen.

Der Park selbst ist auch nicht gerade preiswert, hier werden die üblichen Tiershows geboten, die bei asiatischen Touristen so populär sind. Ganztägige Programme kosten 1850 Baht für Erwachsene und 1400 Baht für Kinder. Man wird im Resort abgeholt und wieder abgesetzt. Zum Programm gehören Tauziehen mit Elefanten sowie Shows, während derer arme Einheimische den Kopf in das Maul eines Krokodils stecken oder mit Kobras und anderen Schlangen schaukämpfen. Weitere Informationen unter www.namuangsafarisamui.com. Der Autor rät Tierfreunden davon ab, den Na Muang Safari Park zu besuchen. Der Wasserfall ist allerdings, wenn er Wasser führt, einen netten Tag wert.

dings nicht besonders, das Restaurant ist tägl. 8–22 Uhr geöffnet. Ein Swimmingpool ist auch vorhanden. Langzeitmieter sind willkommen. Eher etwas für Leute, die an Ferienwohnungen gewöhnt sind, sich also weitgehend selbst versorgen wollen.

› **Tamarind Springs** €€€€€ <084> Tel. 077 424436, www.tamarindsprings.com. Eine fantastische Unterkunft, bestehend aus nur acht Villen, die in verschiedenen architektonischen Stilrichtungen errichtet und von großen Gärten umgeben sind. Yoga- und Tai-Chi-Kurse, Kräutersauna und Massage. Das Resort ist in dem thailändisch-britischen Spielfilm „The Butterfly Man" Schauplatz einer Schlüsselszene – kein Wunder, das Ambiente und die Ruhe sind unglaublich, jedoch gibt es keinen Pool und es sind 250 Meter zum Strand. Aber wer es absolut privat haben will, ist hier richtig.

Ko Samui

Der Osten

> **Utopia Resort** €€ <085> Tel. 077 233113, Fax 233115, www.utopia-samui.net. Ausgezeichnete Lage an einem Hang, dazu von viel Grün umgebene Bungalows mit A.C., Kühlschrank und TV. Sehr empfehlenswert. Mit Restaurant. Die Preise schließen Frühstück mit ein.

Essen und Trinken

Die meisten Touristen in Lamai essen in ihren Resorts. Wem das nach einer Weile zu langweilig ist, sollte das Lamai Night Food Center aufsuchen, wo neben einer großen Auswahl an Garküchen, die alle möglichen thailändischen Standards hervorzaubern, auch ein paar Gogo-Tänzer und Thai-Boxer ihr Bestes geben.

> **Jubilee Seafood** €€ <086> am Nordende von Lamai, nahe dem Samui Yacht Club gelegen, Tel. 077 424725, geöffnet tägl. 13 –22 Uhr. Dieses große Open-Air-Restaurant ist auf Seafood spezialisiert; höhere Preislage, jedoch bekommt man hier gute Qualität.

> **Swiss Chalet Restaurant** €€ <087> Tel. 077 418331, www.swisschaletsamui.com, geöffnet tägl. 8 –23 Uhr. Eine große Auswahl feiner Kost aus der Schweiz gibt es im Herzen Lamais – neben Rösti, Käse Fondue und Raclette gibt es auch Steak, Fisch und Meeresfrüchte. Nebenan liegt das Cozy Corner, das europäische Imbisse bis spät in die Nacht anbietet.

KLEINE PAUSE

Villa Chocolat

Feinste Schokoladen und Kuchen zu wuchtigen Preisen gibt es in diesem kleinen Café, das um die Ecke vom Samui Aquarium und Tiger Zoo gelegen ist. Vielleicht die besten Kuchen der Insel.

> Tel. 085 7849503, geöffnet Di-Fr 15–20, Sa 10–17 Uhr

Wer kulinarisches Heimweh hat, ist hier richtig.

> **Tandoori Palace** € <088> Tel. 088 8210154, geöffnet tägl. 11–23.30 Uhr. Preiswertes, freundliches indisches Restaurant in Lamai Mitte. Auf der Speisekarte stehen die üblichen indischen Standardgerichte sowie eine große Auswahl vegetarischer Speisen. Ein vegetarischer Thali kostet nur 200 Baht. Eine großartige Platte für zwei Personen mit Chicken Tikka Masala, Curry, Knoblauch Nan, Reis, Zwiebel Bhaji und ein Bier für 10 Euro ist ebenfalls empfehlenswert.

> **Uncle Rang Restaurant** €€ <089> Samui Tonggad Resort, Tel. 077 231051, www.samuitonggadresort.com/restaurant.php, geöffnet 7–23 Uhr. Das Krua Lung Rang (auf Thai) wird von der freundlichen Besitzerin Khun Tukta geleitet, die ihren Gästen gerne bei der Auswahl von authentischen südthailändischen Spezialitäten hilft. Gäste wählen, wie viel Chili sie auf dem Teller haben wollen. Europäisch-italienische Küche steht ebenfalls auf der Speisekarte und die Frühstücksauswahl ist beeindruckend. Noch beeindruckender ist der Blick von dem kleinen Hügel am Laem Nam Beach, an dem das Restaurant zu finden ist. Allerdings ist es auch möglich, direkt am Strand in Wassernähe zu essen. Mit WiFi.

Nachtleben

Am Lamai Beach gibt es unzählige Pubs und Bars mit Hostessen-Service – davon lebt der Strand nachts.

> **Buddy Beer Bar** €€ <090> geöffnet tägl. 17 Uhr bis spät. Laute Musik, kaltes Bier, thailändische Standardgerichte, alles zu ordentlich niedrigen Preisen. Ein guter Anlaufpunkt, sobald die Sonne untergeht.

> **Shamrock** €€ <091> www.thesamui shamrock.com, geöffnet tägl. 9.30-2 Uhr. Irish Bars gibt es wohl auf der ganzen Welt. Die Lamai Version ist frei von

Ko Samui
Der Süden

> **EXTRAINFO**
>
> **Hin Yai und Hin Ta – Ko Samuis Großmutter- und Großvaterfelsen**
> Am Südende von Lamai finden sich zwei bizarre Felsformationen, die jeweils an das weibliche bzw. männliche Geschlechtsteil erinnern. Diese Felsen, genannt Hin Yai und Hin Ta (Großmutter- und Großvaterfelsen) sind der Legende nach ein steingewordenes Liebespaar, das gemeinsam in den Tod ging. Sie scheinen besonders anziehend auf einheimische und taiwanesische Touristen zu wirken.

Der Süden

Die im Süden der Insel gelegenen Buchten sind nicht besonders gut zum Schwimmen geeignet, dafür ist es wiederum **sehr ruhig** und abertausende von Kokospalmen verleihen der Umgebung das richtige Tropenambiente. Die Unterkünfte sind nicht leicht zu finden, sie liegen oft an Pfaden, die von der Hauptstraße abzweigen. Von Ao Thong Krut aus lassen sich Boote zu einigen vorgelagerten Inseln chartern, so zu Ko Kataen (Ko Taen), Ko Raap, Ko Mat Daeng und Ko Matsum.

Auf der Insel **Ko Taen**, die nur von einigen Trampelpfaden durchzogen wird, finden sich einige Unterkünfte sowie ungefähr hundert Einheimische, eine Schule und eine kleine Klinik. Die Anreise zur Insel kann vom Laem Set Inn in Bang Kao organisiert werden. Einige neue Luxusunterkünfte öffnen hier derzeit und an fast jedem Baum ist ein Land-For-Sale-Schild angebracht. Preiswerte Unterkünfte dagegen scheinen zu schließen.

022ks Abb.: ath

Hostessen und serviert natürlich kaltes Guiness und viele, viele andere Biere. Dazu spielt fast jeden Abend eine traditionelle irische Band und es gibt überraschend gutes britisches Pub-Essen und englisches Frühstück sowie Pizzas und thailändische Speisen.

Einkaufen

> **Nachtmarkt** <092> geöffnet tägl. 16 Uhr – Mitternacht, ergießt sich allabendlich über eine Soi im Zentrum Lamais – Bademoden, T-Shirts, gefälschte DVDs und Handtaschen und allerlei Essbares.

33 Ao Thong Krut ★★ [B10]
อ่าวท้องกรูด

Ein ganz ruhiger, einen Kilometer langer und mit Fischerbooten bestückter Strand, von dem aus sowohl Sonnenaufgänge als auch -untergänge zu sehen sind. Allzu viele Unterkunftsmöglichkeiten gibt es nicht, doch wer eine gewisse Abgeschiedenheit sucht, ist hier richtig.

◁ *Hin Ta, der Großvaterfelsen auf Ko Samui*

34 Wat Khunaram ★★ [C9]

วัดคุณาราม

Dieser Tempel liegt im Innenland nördlich von Ao Thong Krut. Hier können die sterblichen Überreste des früheren Abtes besichtigt werden. **Luang Pho Daeng** ist 1976 verstorben, seine Mumie sitzt, angeblich in der letzten Meditationspose seines Lebens, in einem Glaskasten und trägt eine Sonnenbrille.

❯ Hua Thanon, Eintritt frei, geöffnet tägl. 6–18 Uhr

Unterkünfte

❯ **Centara Coconut Beach Resort Samui** €€€€ <093> am Westende von Ao Thong Krut, Tel. 077 334069, www.centarahotelsresorts.com/cbs. Sehr schöne Luxusanlage mit allem Drum und Dran, sehr ruhig, mit großartigem Blick auf die Inseln Ko Tan und Ko Mutsum. Zwei Swimmingpools, private Villen und Zimmer mit großen Badezimmern an einem sauberen und ruhigen Strandabschnitt.

❯ **Jinta Beach Resort** €€ <094> Tel. 077 236369. Kleines, nettes Resort direkt am Strand gelegen, mit fünf attraktiven Bungalows und sieben größeren Hütten, allesamt mit WiFi ausgestattet. Außerdem Restaurant, Swimmingpool und kostenlose Kajaks. ein kleines Korallenriff ist dem Strand vorgelagert.

❯ **Thong Krut Bungalow** €€ <095> Tel. 077 334052-3, 077 423117. Einfache Bungalows am Strand, teilweise mit A.C.

35 Ao Bang Kao ★★ [C10]

อ่าวบางเก่า

Abgelegener kann man auf Ko Samui kaum schwimmen. Die Bucht Bang Kao ist über eine kleine Seitenstraße zu erreichen, leider ist das Schwimmen nicht besonders bequem, da der fünf Kilometer lange Strand recht steinig ist. Etwas von der Küste entfernt befindet sich ein Korallenriff, das zum Schnorcheln einlädt. Am einfachsten ist die Bucht mit einem eigenen Transportmittel zu erreichen. Viele der hier ansässigen Geschäfte sind auf Einheimische ausgerichtet.

36 Magic Alambic Rum Distillery ★★★ [C9]

Die einzige Rumbrennerei Ko Samuis, in einer gepflegten Gartenanlage gelegen.

Hier wird von einem französischen Paar aus einheimischen Produkten (Zuckerrohr, Ananas, Orangen, Kokosnuss) Rum gebrannt. Wer ganz nahe an diesem Geschehen dran sein will, kann hier auch in einigen geräumigen Bungalows wohnen, einen Swimmingpool gibt es auch. Zimmer können für kurze Zeiträume oder auch für einen ganzen Monat gemietet werden.

❯ An der Hauptstraße, die an Bang Kao vorbeiführt, Tel. 077 419023, 086 2826230, www.rhumdistillerie.com

Unterkünfte

❯ **Banburee Resort & Spa** €€€ <096> Tel. 077 429600, Fax 429698, www.banbureeresort.com. Diese Luxusunterkunft bietet große moderne Zimmer und kleine Villen in einer gepflegten Gartenanlage. Das Resort ist nicht mehr das neueste und dementsprechend sind die Preise auch erschwinglich. Mit Swimmingpool direkt am Strand. Wer über die Website bucht, bekommt eine Extranacht kostenfrei dazu.

❯ **Kamalaya** €€€€€ <097> Tel. 077 429800, Fax 429899, www.kamalaya.com. Dieses neue Resort ist ein sogenanntes Wellness Sanctuary and Holistic Spa – hier kann man sich ordentlich entgiften lassen, sowohl physisch als auch psy-

Ko Samui 49
Der Süden

37 Ang-Thong-Meeresnationalpark ★★★ [S. 144]

อุทยานแห่งชาติหมู่เกาะอ่างทอง

Jeden Tag fahren Schiffe von Ban Nathon ab 1200 Baht (inkl. Essen) zum
wunderschönen Ang Thong Marine Nationalpark. Mit einem Speedboat kostet der Trip 1600 Baht. Abfahrt 8.30 Uhr, Rückkehr gegen 17
Uhr. Der Meeres-Nationalpark liegt
ca. 25 km westlich von Ko Samui und
besteht aus 41 Inseln, die zum Teil
strahlend weiße Strände und glasklares Wasser aufweisen (allerdings nicht
in der Regenzeit). Bei den Tagestouren
ist normalerweise genügend Zeit zum
Schwimmen mit eingeplant (Schnorchelausrüstung wird gegen die geringe Gebühr von 50 Baht gestellt).

Hier eröffnen sich spektakuläre
Anblicke, es gibt schroffe Kalksteinfelsen sowie zahlreiche Wasservögel
zu bewundern und sogar einen fast
kreisrunden Binnensee (Durchmes-
ser 250 m), der von Kalksteinfelsen
umschlossen ist. Dieser See, der Thale
Nai, befindet sich auf der Insel Ko Mae
Ko, die auch einen sehr schönen Ba-
destrand aufweist. Auf der Hauptinsel
des Archipels, Ko Wua Ta Lap („Insel
der Kuh mit den schlafenden Augen")
kann man zu einem 400 m hoch gelegenen Aussichtspunkt aufsteigen. Dort
scheint einem die gesamte Inselgruppe
zu Füßen zu liegen. Ein toller Ausflug!

Einer der besten Anbieter für
den Trip ist Highsea Tour (Tel. 077
421285, 077 421290, 081 8916404,
www.highseatour.com). Boote fahren
täglich ab Nathon Pier, 8.30-17.30
Uhr, Urlauber werden um 7.30 Uhr
in ihren Hotels abgeholt und abends
wieder nach Hause gebracht, ein Mit-
tagessen ist im Preis inbegriffen. Zwei
Programme werden hier angeboten:
Schnorcheln und ein Ausflug in den
Park kosten 1100 Baht pro Person
oder 600 Baht für Kinder von 4-11
Jahren. Die zweite und bessere Alternative bietet zusätzlich auch noch eine
Kajaktour für insg. 1650 Baht oder
900 Baht für Kinder von 4-11 Jahren.
Die Gebühr für den Nationalpark beträgt zusätzlich noch 200 Baht/Pers.

Falls man länger zu bleiben gedenkt,
stehen auf Ko Wua Ta Lap die Bungalows des Nationalparks zur Verfügung. Informationen dazu gibt es bei
José Monteino, Moo Ko Ang Thong
Marine Nationalpark, Ko Samui, Surat Thani, Tel. 077 286931. Es ist auch
möglich, hier zu zelten, Zelte können
für 200 Baht die Nacht geliehen werden. Den Bungalows ist auch ein kleines Museum angeschlossen, in dem
auf Schautafeln die Meeresfauna des
Archipels erläutert wird.

chisch. Ein großer Pavillon wird für Yoga
genutzt, Experten aus dem alternativen
Gesundheitsfeld halten Workshops und
Vorlesungen, dazu Saunas, ein Shakti-
Fitness Center, Swimmingpools, Mas-
sagen und ein Ayurvedisches Spa. Das
Essen wird auf die Gäste individuell
zugeschnitten (manche Gäste essen gar

nichts und machen eine Darmreinigung).
Die Anlage selbst ist ebenfalls beein-
druckend – von der Restaurant-Terrasse
herunter erstreckt sich eine fast dschun-
gelartige Gartenanlage mit Wasserfällen und Felsformationen, in die große
Bungalows und Villen dezent integriert
wurden.

Praktische Reisetipps

Transport auf der Insel

Am Pier von Ban Nathon finden sich **Songthaews, große und langsame Sammeltaxis für um die 12 Passagiere**, die für 50–100 Baht zu den diversen Stränden fahren. Die meisten Songthaews stellen gegen 18 oder 19 Uhr ihren Dienst ein. Solche, die auch nachts fahren, kassieren das Doppelte vom Tagespreis. Weitere Songthaews stehen bei der Ankunft eines Bootes am Pier in der Thong-Yang-Bucht bereit. Am Pier in Ban Nathon findet sich auch ein Haltepunkt für **Taxameter-Taxis**, die allesamt aus Bangkok importiert sind. Allerdings findet sich auf Ko Samui kaum ein Taxifahrer, der gewillt ist, den Taxameter auch einzuschalten. Man wird freundlich darauf verwiesen, dass dies nur in Bangkok üblich ist. Ein Taxi von einem der Strände zum Flughafen kostet 300 bis 600 Baht.

An vielen Stränden lassen sich **Jeeps** (ca. 800–1000 Baht/Tag) oder **Motorräder** (ca. 150–250 Baht/Tag) ausleihen. Vorsicht: Gelegentlich werden Fahrzeuge „gestohlen", wobei die Polizei den Mieter selbst des Diebstahls bezichtigt und ihn dann zur Zahlung eines Schmiergeldes in Höhe des Kaufpreises des Fahrzeugs zwingt. Das Ganze scheint ein abgekartetes Spiel zwischen der Polizei und dem Vermieter zu sein.

> **EXTRATIPP**
>
> ### Taxis zum Flugplatz
> Eine Warnung noch für Leute, die direkt in Ko Samui einfliegen und in Chaweng zu wohnen gedenken: Chaweng liegt nur 10 Minuten Fahrzeit vom Flughafen entfernt, die Taxis und Songthaews verlangen aber oft 250 Baht für die Strecke. 100 Baht wären angemessener. Zur Fahrt von Chaweng zum Flughafen bieten sich Busse an, die jeweils ca. 1½ Std. vor Abflug von den JR Bungalows in Zentral-Chaweng abfahren.

Am Pier von Thong Sala gibt es getrocknete Fische an einem mobilen Stand

Ko Phangan

Ohne Zweifel, Ko Phangan ist Thailands **Party-Insel**. Seit auf Ko Samui Sonnenbrand an Sonnenbrand liegt, ziehen die Touristenströme weiter in Richtung dieser kleineren Nachbarinsel, vor allem zur monatlichen **Vollmondparty.**

Ko Phangan (8000 Einwohner) ist eine idyllische Insel mit herrlichen, palmengesäumten Stränden, von denen manche noch sehr ruhig sind. Ob die Mehrzahl der Touristen heute noch nach Ko Phangan kommt, um einsame Tropenidylle und absolute Ruhe zu finden, ist jedoch fraglich, denn die Insel ist längst als international bekanntes Party- und Dance-Mekka erster Klasse etabliert. **Ibiza, Goa und Ko Phangan bilden die Achse der weltweiten Dance-Kultur.** Das mag nicht jedermanns Sache sein, aber Full Moon Partys auf Ko Phangan sind weltberühmte Ereignisse und ziehen jeden Monat Tausende von Travellern an. Schon zwei oder drei Tage zuvor füllt sich die Insel und zu dieser Zeit ist vor allem um Hat Rin kaum eine Unterkunft zu finden.

Heute ist Ko Phangan längst kein Hippieparadies aus Bambushütten mehr, aber dem Pauschal-Tourismus Ko Samuis ist die Insel noch nicht ganz zum Opfer gefallen. Ko Phangan bietet etwas für jeden Geschmack – auch die großen Hotels und Resorts lassen nicht mehr auf sich warten und 2012 begann der Bau eines kleinen Flugplatzes an der Ostküste, der Ende 2013 in Betrieb gehen soll. Zwischen Thong Sala und Ban Tai haben sich inzwischen eine ganze Reihe Hostessenbars angesiedelt.

Tauch- und Schnorchelunternehmen

Ko Phangan ist an sich kein Tauchziel, da die Insel jedoch nah an Ko Tao und den umliegenden Pinnacles liegt, haben sich hier eine Reihe Tauchunternehmen niedergelassen. Ko Phangan hat seinen ganz eigenen Pinnacle, Sail Rock, wo es Moränen, große Zackenbarche, Barrakudas und ab und zu Walhaie zu sehen gibt.

> *Chaloklum Divers, Chaloklum, Mae Haad, Tel. 077 374025, www. chaloklum-diving.com. Im Norden der Insel gelegen, mit recht großem Tauchboot (für bis zu 30 Taucher), das auch nach Ko Tao fährt.*

> *Haad Yao Divers, Hat Yao, Hat Chao Phao, Thongsala, Tel. 077 349119, www.haadyaodivers.com. Kleines Tauchunternehmen im familienfreundlichen Westen der Insel.*

> *Phangan Divers, Hat Rin, Tel. 077 375117, www.phangandivers.com. Wer von Hat Rin aus tauchen will, ist hier gut aufgehoben.*

> *Tropical Dive Club, Thong Nai Pan Noi, Tel. 077 445081, www. tropicaldiveclub.com. Ganz abgelegen im Norden der Insel. PADI-Kurse werden auf Deutsch unterrichtet.*

> *Reggae Magic Boat Trip, Tel. 081 6068159, und Snoop Dogg Boat Trip, 089 5293828, bieten von Hat Rin Schnorcheltouren für 500 Baht pro Person an. Die Trips von Reggae Magic Boat Trips gehen um 12 Uhr mittags los und Abendessen ist im Preis inbegriffen. Die Snoop Dogg Boat Trips starten um 10 Uhr, Mittagessen ist im Preis inbegriffen. Tickets kann man über Reisebüros in Hat Rin erstehen.*

Der Westen

Der Westen Ko Phangans ist bis auf die kleine Inselmetropole Thong Sala recht ruhig. Hier finden keine großen Partys statt, aber es gibt ein paar attraktive Bars, von denen aus man die perfekten tropischen Sonnenuntergänge genießen kann. Die Strände haben teils schöne Felsvorlagerungen. Die Bungalowanlagen drängeln sich nicht allzu nahe aneinander, die Full Moon Party scheint sehr weit entfernt.

❸❽ Thong Sala ★★ [C3]
ท้องศาลา

Diese einzige Stadt auf der Insel, das kleine Thong Sala, ist der Hafen für die eintreffenden Boote. In unmittelbarer Umgebung des Piers gibt es Zweigstellen einiger thailändischer Banken (samt Geldautomaten), ein Postamt und einige Internet-Cafés (zumeist 2 Baht/Min.); ansonsten ist aber kaum Interessantes zu vermelden. Etwa 2,5 km nördlich befindet sich ein mäßig ausgestattetes Krankenhaus mit 24-Std.-Dienst, das bei kleineren Problemen hilfreich sein kann. Der Nachtmarkt ist einen Besuch wert, das Essen ist hier sehr preiswert und oft besser als das Traveller-Essen in den Resorts. Inzwischen gibt es auch einen Tesco-Lotus-Supermarkt, den ersten auf der Insel.

❸❾ Nachtmarkt von Thong Sala ★★★ [C3]
ตลาดกลางคืน

Sicher die einzige Sehenswürdigkeit in Thong Sala. Der allabendliche Nachtmarkt (ab ca. 18 Uhr) ist nicht nur die übliche Ansammlung von Essensständen, darunter auch einige von einheimischen Familien, die gute südthailändische Küche servieren, sondern ein Ort, an dem die jungen Traveller abends eintrudeln, um zu quatschen, zu trinken und sich zu bestaunen.

Ein Essensstand auf dem Nachtmarkt von Thong Sala

Ko Phangan
Der Westen

Infos und Reisetipps

› **Oh Internet & Travel,** Tel. 077 377366, 0836484379, gegenüber dem Asia Hotel. Sehr freundlich und kompetent, mit Motorradverleih. Bus-, Zug- und Bootstickets auch für Visa-Runs nach Malaysia oder Myanmar werden von der Besitzerin Oh ohne Schikanen erledigt.

› Es gibt derzeit auf Ko Phangan keine Vertretung der Tourist Police. Wer einen Diebstahl melden muss, sollte sich an die **Polizeiwache in Thong Sala,** Tel. 077 377114, wenden, in der einige Beamte Englisch sprechen. Ansonsten kann man sich an die **Polizei in Ko Samui,** Tel. 077 421281, wenden.

Unterkünfte

■ **Buakao Inn** €€€ <098> Tel. 077 377226, buakao@samart.co.th. Falls man früh aufstehen muss, um ein Boot zu nehmen, empfiehlt sich das kleine, von einem freundlichen Amerikaner geleitete Buakao Inn, vielleicht die beste Wahl in der unteren Mittelklasse. Fünf sehr ordentliche Zimmer, mit A.C. Es befindet sich 200 m vom Pier entfernt, gegenüber der Krung Thai Bank. Angeschlossen sind ein sehr gutes Restaurant und eine Bar. Im Restaurant kann man mit eigenem Laptop einen kostenlosen WiFi-Zugang nutzen.

Essen und Trinken

■ **A's Coffee Shop** €€ <099> geöffnet tägl. 8–22 Uhr. Sehr gutes Frühstück und andere europäische Speisen stehen hier auf der Karte, es ist dem Buakao Inn angeschlossen. Mit kostenlosem WiFi-Zugang.

Einkaufen

■ **Island Books** <100> geöffnet tägl. 11–19 Uhr. Dieser freundliche Laden an der Hauptstraße in Thong Sala bietet die größte Auswahl an gebrauchten Buchtiteln auf Ko Phangan, meist auf Englisch, aber es gibt auch eine ordentliche Auswahl an deutschen Büchern.

Nachtleben

- **Jungle Yellow Café** € <101> an der Hauptstraße in Thong Sala nicht weit vom Phangan Verkehrskreisel entfernt, geöffnet täglich bis 2 Uhr. Neben Kaffee und Tee kann man hier auch Shisha-Pfeifen rauchen. Dazu werden einfache thailändische und europäische Gerichte bis Ladenschluss serviert.
- **The Masons Arms** €€ <102> geöffnet täglich 11 Uhr bis Mitternacht. Einen Kilometer außerhalb von Thong Sala, an der Straße in Richtung Hat Yao gelegen, befindet sich dieser englische Pub. Er sieht unter den Palmen gelegen etwas unwirklich aus und es wird Guinness und Cider in Pint-Gläsern serviert. Dazu Darts, Fußball, Formel 1 und WiFi.

㊵ Ao Nai Wok ★★ [C3]

อ่าวในวก

Der nächste Strand zur Inselhauptstadt Thong Sala ist generell recht ruhig. Das Wasser ist bei Ebbe so flach, dass man nicht recht schwimmen kann, aber die Sonnenuntergänge machen das wett.

Unterkünfte

- **Joon Bungalow** €€ <103> Tel. 087 8810988. Einfache Holzbungalows, teils recht groß, direkt am Strand. Abends singt die Besitzerin ab und zu mit einer kleinen Band. Hier ist das Hippie-Ambiente noch lebendig. Wer also absolute Ruhe sucht, ist hier falsch. Mit WiFi und nach Thong Sala sind es kaum 15 Minuten Fußweg.
- **Ruanhaw Kaew – Das Glashaus** €€€ <104> Tel. 077 377226. Diese ganz spezielle Unterkunft ist im wörtlichen Sinne ein „Haus für die frisch Verheirateten“. Die Einheimischen nennen das Gebäude auch *Glass Cottage*. Ein luxuriöser alleinstehender Bungalow mit Glaswänden und gutem Blick über den Strand. Mit A.C., großer Couch und Schreibtisch, TV und DVD-Spieler, iPod-Dock und WiFi. Im gleichen gepflegten Garden wie A's Beach Place gelegen, jedoch weiter von der Straße entfernt.

> KURZ & KNAPP
>
> **Thai Massage bei Susu**
>
> Eine professionelle Heilmassage erhält man bei Susu, die das Moonlight Resort zwischen Thong Sala und Ban Tai leitet. Susus Massage kostet 500 Baht die Stunde und ist vor allem Leuten mit Rückenproblemen oder Unfallschäden empfohlen.
>
> › Tel. 077 238398, www.susu-massage.com

> EXTRATIPP
>
> **Walking Street in Thong Sala**
>
> Samstagnachmittags von 16 bis 22 Uhr verwandelt sich eine Straße im Ostteil von Thong Sala in eine Walking Street, ein Straßenmarkt, an dem die Einheimischen Souvenirs, Alltagsprodukte und vor allem gutes Essen an kleinen Ständen verkaufen.

Essen und Trinken

- **A's Beach Place** €€ <105> geöffnet tägl. 8–22 Uhr. Direkt am Straßenrand im nördlichen Teil von Ao Nai Wok befindet sich A's Beach Place, ein kleines gemütliches Restaurant, das preiswerte thailändische Gerichte und Frühstück auf der Speisekarte hat.

㊶ Ao Wok Tam ★★ [C3]

อ่าววกตุ่ม

Ein von mehreren Felsvorsprüngen unterbrochener Strand, sehr ruhig. Schwimmen ist nur bei Flut möglich. Nach Sonnenuntergang fischen die Einheimischen hier nach Krabben.

Ko Phangan
Der Westen

Ao Wok Tam

Unterkünfte

› **Ananda Wellness Yoga Resort** <106> Tel. 081 3976280, www.anandaresort.com. Dieses Yoga Resort verspricht den „Eintritt in das Paradies des spirituellen Abenteuers". Bungalows, teilweise mit A.C., Sauna, Internet und Swimmingpool. Geboten werden hier Asanas, Chakras, Meditation und holistisches, vegetarisches Essen. Gäste müssen mindestens vier Nächte buchen.

› **Sea Sunset** €€ <107> Tel. 077 238752, www.seasunsetresort-kohphangan. Sehr relaxte Atmosphäre und einfache Strandbungalows mit WiFi und teilweise mit A.C., direkt am Wasser.

› **Sea Scene Bungalow** €€€ <108> Tel. 077 377516, www.seascene.com. Sehr schöne Bungalows in gepflegter Anlage, direkt am Strand. Teilweise neue und große, einfach ausgestattete Bungalows mit A.C., WiFi und Internetzugang im Restaurant.

Nachtleben

› **Amsterdam Bar** €€ <109> Tel. Tel. 077 238477, geöffnet tägl. 18 Uhr bis spät. Mit die besten Blicke an der Westküste und ein toller Ort für den Sonnenuntergang, an einem sehr steilen Hügel oberhalb der Straße gelegen. Doch die Anstrengung lohnt sich.

EXTRATIPP

Regeneration nach der Full Moon Party – Das Monte Vista Retreat Center

Das Monte Vista Retreat Center findet sich an einem steilen Hügel über Ao Nai Wok und bietet dreitägige Programme mit Yoga, Meditation, ayurvedischen Massagen, Unterkunft und Essen ab 7500 Baht für zwei Personen. Idealer Ort, um sich nach einer langen Vollmondparty zu regenerieren. Es gibt nur 9 Bungalows – man sollte also unbedingt vorbuchen. Von der Terrasse hat man großartige Blicke in Richtung des Ang Thong Nationalparks.

› Tel. 077 238951, www.montevistathailand.com

Ko Phangan **57**

Der Westen

42 Ao Si Thanu ★★ [B2]

อ่าวศรีธนู

Ein weiterer superruhiger Strand mit flachem Wasser und wahnsinnigen Sonnenuntergängen. Ein kleines Korallenriff ist vorgelagert.

Unterkünfte

> **Chills Resort** €€€ <110> Tel. 089 8752100, 080 5303425, www.chills resort.com. Solide und recht neue Bungalows und Zimmer. Mit Swimmingpool, WiFi und für Gäste kostenfreien Kajaks, direkt am Strand, der Felsformationen aufweist.

> **Loy Fa Natural Resort** €€€ <111> Tel. 077 377319, Fax 077 349022, www.loyfa-natural-resort.com. 16 ordentliche Holz- und Steinbungalows sowie Zimmer in netter Lage. Mit Swimmingpool.

Essen und Trinken

> **Peppercorn** €€ <112> Tel. Tel. 087 8964363, www.peppercornphangan. com. Nicht direkt am Strand, sondern an der Verbindungsstraße, die zur Hauptstraße landeinwärts führt, liegt dieses Restaurant, das eine gute Abwechslung zum Essen in den Bungalow-Resorts der Gegend ist. Geboten werden Steaks, Salate und eine ganze Reihe vegetarischer Gerichte. Der Service ist manchmal ein bisschen langsam, aber das Essen ist meistens gut.

Nachtleben

Drei Tage vor der Full Moon Party in Hat Rin findet am Strand Chao Pao in Si Thanu die Party **Pirate's Bar** statt. Im Süden des Strandes vor einem Kliff gelegen findet diese wesentlich kleinere Party statt.

Auch sehr interessant ist die **Jam Bar,** http://thejamphangan.com, in der dienstag- und samstagabends ab 18 Uhr bis spät in die Nacht sehr

gute Live-Musik zu hören ist. Wer ein Instrument spielen kann, ist auf der Bühne willkommen. Besonders bei älteren Besuchern (über 30 Jahren) beliebt.

43 Hat Yao und Hat Salad ★★ [B2]

หาดยาวและหาดสลัด

Dieser wörtlich „lange Strand" befindet sich in einer ruhigen Bucht, die allerdings in den letzten Jahren immer beliebter geworden ist. Kein Wunder, denn nur etwa 50 m vor der Küste befindet sich ein stark abfallendes Korallenriff und man kann hier auch gut schwimmen. Tauchkurse werden von Haad Yao Divers angeboten. Im Vergleich zu Hat Rin ist es am langen Strand immer noch sehr ruhig, er ist einer der familienfreundlichsten Strände der Insel.

Hat Salad, nördlich von Hat Yao gelegen, ist eine kleine und ruhigere Bucht.

Unterkünfte

> **Bounty Resort** €€€ <113> Tel. 077 349105, www.bounty-resort-phangan. info. Ganz im Süden von Hat Yao befindet sich diese Anlage, die neben einem

---

KURZ & KNAPP

Ko Maa – die Hundeinsel
เกาะมา

Eine der schönsten Korallenbänke Ko Phangans liegt an der Westseite der winzigen Insel Ko Maa. Bei Ebbe ist es möglich, durch seichtes Wasser vom Strand Mae Hat nach Ko Maa hinüberzulaufen. Unterkünfte gibt es derzeit nicht und die einzige Bar war zur Zeit der Recherche dieses Buches gerade geschlossen. Ab und zu werden auf der Insel kleine Partys organisiert.

Ko Phangan
Der Westen

ruhigen Strandabschnitt eine große Auswahl an verschiedenen Bungalows bietet, von einfachen, aber neuen Holzhütten zu größeren Betonhäuschen mit A.C., WiFi und TV.
› **Haad Yao Overbay Resort** €€€€ <114> Tel. 077 349163. Das im Zentrum von Hat Yao gelegene Resort bietet einige große Holzbungalows an einem steilen Hang über der Bucht. Idealer Aussichtspunkt für den Sonnenuntergang. Teilweise mit A.C. Einen Pool gibt es auch.

› **Reggae Bungalows** €€€ <115> Tel. 077 374253, www.phanganreggae.com. Etwas zurückversetzt gelegen vom Strand in Hat Salad. Bungalows ab 200 Baht, freundlicher, etwas langsamer Service. Außerdem gibt es einen Reggae Shop, ein Reggae Reisebüro und zwei Reggae Restaurants. Das italienische Reggae Restaurant serviert Reggae Pizzas. Alle Gebäude sind in Rot, Grün und Gold gehalten. Da steht ja der Revolution wohl nichts mehr im Wege.

Trekking auf Ko Phangan

Ein Drittel von Ko Phangan ist von dicht bewachsener Berglandschaft bedeckt und der höchste Berg der Insel, Khao Ra, kann im Rahmen von Trekking-Touren bestiegen werden. Ein Führer ist hier notwendig (500 Baht pro Tag), man wende sich an die Parkverwaltung. Obwohl nur 620 m hoch, so bietet sich bei direkter Route doch ein sehr steiler und herausfordernder Aufstieg. Die langsamere Strecke belohnt dafür mit herrlichen Naturausblicken.

Der Khao Ra befindet sich innerhalb des Than-Sadet-Nationalparks, der benannt ist nach dem hübschen Than-Sadet-Wasserfall.

Beim Aufstieg zum Khao Ra sieht man eventuell Wildschweine, Loris sowie zahlreiche Vogelarten.
› *Parkverwaltung Phaeng Waterfall-Nationalpark, zwischen Thong Sala und Chalok Lam, Moo 3 Baan Madua Wan, Tel. 077 238275*

△ *Der Weg zum Phaeng-Wasserfall*

◁ *Der junge Spross eines Baumfarns*

Ko Phangan
Der Norden

Essen und Trinken

> **Eagle Bar** €€ <116> geöffnet tägl. 16 Uhr bis spät. Am Südende von Hat Yao finden ab und zu Partys in der Eagle Bar statt. Obst-Cocktails und gutes Essen, vor allem sehr gute Pizza, gibt es auch.

④④ Mae Hat ★★★ [C1]
แม่หาด

Die Bucht liegt im äußersten Nordwesten der Insel, ist mit etwas grobem Sand ausgestattet und sehr gut zum Schwimmen geeignet, da das Wasser schnell tief wird. Am nördlichen Strandende nahe der Insel Ko Maa befindet sich ein Korallenriff, an dem es ab und zu Barrakudas zu sehen gibt. Zum Schnorcheln ist dies der beste Ort der Insel. In den letzten Jahren wurde hier viel gebaut und weitere Resortanlagen werden in den nächsten Jahren sicher noch dazukommen.

Unterkünfte

> **Mae Haad Bay Resort** €€€€ <117> Tel. 077 374141, 077 374330-2, www.mbrresort.com. Neben den 48 komfortablen, brandneuen Bungalows, allesamt mit Holzböden und solidem Holzmobiliar im Boutiquestil ausgestattet, soll das Resort auch den größten Pool der Insel haben. Billig ist der Spaß freilich nicht. Die Zimmer kosten ab 2500 Baht, sehr viel mehr während der Full Moon Partys.

> **Phangan Utopia Resort** €€€€ <118> Tel. 077 374093-5, www.phanganutopia.com. Toll gelegene Anlage auf einer Klippe zwischen Mae Haad und Hat Chalok Lum. Gute Zimmer und Bungalows mit A.C. Das Resort hat einen Swimmingpool, von dem man einen irren Blick über die Bucht hat. Diese Bungalowanlage liegt zwar weit vom Strand entfernt, aber die Lage ist einmalig.

> **Wang Sai Resort** €€€ <119> Tel. 077 374238, www.wangsairesort.com. Akzeptable Bungalows am Südende von Mae Hat. Die teureren Hütten stehen an einem kleinen Hang über der Bucht. Schnorchelausrüstungen und Kajaks können gemietet werden.

Der Norden

Der Norden bietet den abgelegensten Strand der Insel, Had Kuad, sowie ein kleines, attraktives Fischerdorf, in dem thailändische Inselbewohner noch ein recht traditionelles Leben führen.

④⑤ Ao Chalok Lam ★★ [C1]
อ่าวโฉลกหล้า

Wunderschöne Bucht mit einigen vorgelagerten Korallenriffs und sehr ruhig. Leider ist der Strand nicht zum Schwimmen geeignet, da das Wasser durch den Fischereihafen ölverschmutzt ist. Höchstens im Nordosten am angrenzenden Strand Hat Khom ist dies zu empfehlen. Das Dorf selbst, eigentlich nur eine Straße, ist recht malerisch.

Unterkünfte

> **Haad Khom Bungalows** €€ <120> Tel. 077 374246. Einfache Bungalows, aber in der höheren Preisklasse nicht übel. Sie sind teilweise mit A.C. ausgestattet, stehen im Schatten von Bäumen und ziehen sich von einem kleinen Hügel bis direkt ans Wasser hinab. Das Restaurant liegt am Strand und serviert vor allem Meeresfrüchte. Abends wird gegrillt. Eine Bar ist angeschlossen.

> **Viva On the Beach Hotel** €€ <121> Tel. 077 374355, www.vivaphangan.com. Das Gebäude sieht aus wie eine etwas misslungene Burg, allerdings in Blau und

Ko Phangan
Der Norden

direkt am Strand. Die Angestellten sind freundlich, die Zimmer ordentlich und wer länger bleibt, kann auch selbst kochen. Die Zimmer in den oberen Stockwerken haben Balkons. Ein Fitnesscenter gibt es auch und was man abschwitzt kann man später mit authentischem italienischem Eis wieder draufschlagen. Das Restaurant serviert ansonsten thailändische Speisen.

Essen und Trinken
› **Sheesha Restaurant** €€€ <122> Tel. 077 374161. Ultramodernes Ambiente mit Shisha-Pfeifen in Ortsmitte. Das Restaurant kredenzt feine Küche, darunter eine Käseplatte und natürlich Seafood. Es fungiert abends auch als Bar. Hier gibt es Champagner.

46 Hat Kuat ★★ [D1]
หาดขวด

Dieser „Flaschenstrand", auch *Bottle Beach* genannt, verdankt seinen Namen hoffentlich nicht den Relikten, die Touristen dort hinterlassen. Ein schöner Strand, gelegen in einer idyllischen Bucht, die bis vor Kurzem nur per Boot zu erreichen war. Inzwischen geht eine Straße von Ao Thong Nai Pan bis zur Bucht Hat Kuat.

Infos und Reisetipps
Wer von Chalok Lam nach Hat Kuat will, muss entweder zwei Stunden an der Küste entlang laufen oder ein Boot mieten. In letzterem Falle wende man sich am besten an **Mr. Mee** (Tel. 077 374137), der meist in der Nähe des Sea Side Resort in Chalok Lam zu finden ist und Passagiere für 50 Baht pro Nase mitnimmt (oder 300 Baht für das ganze Boot). Der sehr freundliche Mr. Mee lässt sich auch für Schnorchel- und Angeltrips anheuern.

Unterkünfte
› **Smile Bungalow** €€ <123> Tel. 077 445155, 081 9563133, www.smilebungalows.com. Sehr nette Anlage mit einfachen Bungalows, umgeben von satter Vegetation. Viel weiter vom Rummel entfernt als hier kann man kaum sein.

Der Osten

Der „wilde" Osten Ko Phangans geht großen Veränderungen entgegen. Derzeit wird bei Than Sadet ein Flugplatz gebaut, der Ende 2013 öffnen soll. Das wird dem Tourismus, vor allem an dem sonst eher abgelegenen nördlichen Teil der Ostküste, einen mächtigen Anschub geben – es wird erwartet, dass neue und vor allem teurere Resorts aus dem Boden schießen werden. Die Fahrt an die Nordostküste (per Jeep oder Motorrad bzw. oder für Ultrafitte mit dem Fahrrad) ist eine der schönsten, die man auf Ko Phangan unternehmen kann. Teilweise sehr steil, führt der Weg von Ban Tai durch dichten Dschungel. Unterwegs hat man immer wieder dramatische Aussichten über den Golf von Thailand. Auch der Than-Sadet-Wasserfall ist einen Besuch wert.

🔴47 Ao Thong Nai Pan ★★★ [D2]
อ่าวท้องนายปาน

Dieser hervorragend zum Baden geeignete Strand unterteilt sich – von einer Landzunge getrennt – in den „Kleinen Thong Ta Pan" (Hat Thong Nai Pan Noi) und den „Großen Thong Ta Pan" (Hat Thong Nai Pan Yai). Die beiden Strände sind am besten per Boot zu erreichen, obwohl 2011 eine asphaltierte Straße zu den Stränden fertiggestellt wurde.

Hat Thong Nai Pan Noi
หาดท้องนายปานน้อย

> **Baan Panburi Village** €€€ <124> Tel. 077 238599, www.baanpanburivillage.com. Einfache und komfortable Bungalows mit A.C., in der hohen Preislage jedoch überteuert. Baan Panburi liegt am bes-

ten Strandabschnitt, Kajaks können gemietet werden. Es gibt eine Kochschule und das Resort organisiert auch Elefantentreks.

> **Panviman Resort** €€€€€ <125> Tel. 077 445101-9, 077 445100, www.panviman.com. Luxus in der Halbwildnis. Tolle Anlage auf einem Felsvorsprung mit großartigem Ausblick, eine der besten Wohnmöglichkeiten auf der Insel. Mit Pool und Spa. Kajaks und Schnorchelausrüstung können gemietet werden.

Hat Thong Nai Pan Yai
หาดท้องนายปานใหญ่

Der größere und südlicher gelegene der beiden Strände liegt sehr geschützt zwischen zwei Felsklippen.

> **Pen's Bungalows** € <126> Tel. 077 445093, http://pensbungalow.resort.phanganbungalows.com. Bietet moderne Stein- sowie preiswerte Holzbungalows und vermietet Kajaks. Ein Internetcafé ist angeschlossen.

> **Starlight Resort** €€ <127> Tel. 077 445026, www.phangan.info/starlight resort. Ordentliche, neue Bungalows und Zimmer mit und ohne A.C. Ein Supermarkt und ein Swimmingpool direkt am Strand sind angeschlossen. Ab 700 Baht die Nacht.

Nachtleben

> **Flip-Flop Pharmacy** € <128> geöffnet tägl. 18 Uhr bis spät. Die beste Bar am Hat Thong Nai Pan Noi bietet unter anderem Billard, Bier vom Fass und Jägermeister.

◁ *Am Strand Hat Khom*

Ko Phangan
Der Osten

48 Than-Sadet-Nationalpark ★★★ [D2]

Der Nationalpark Ko Phangans ist 65 km² groß und zieht sich über das bergige und bewaldete Zentrum der Insel, außerdem sind ein paar kleinere Inseln nördlich von Ko Phangan auch noch Teil des Parks. Tropischer Regenwald dominiert den Park, in dem eine beachtliche Anzahl einheimischer Tiere leben, darunter diverse Affenarten, wie z. B. Languren und Loris, sowie Mangusten und viele Schlangen, manche davon giftig, inklusive Kobras und Pythons. Außerdem sind hier zahlreiche exotische Vogelarten, Flussschildkröten, Frösche etc. anzutreffen.

Der Park ist nach dem Than-Sadet-Fluss benannt. Than Sadet bedeutet soviel wie „vom König besuchter Fluss", da hier verschiedene Könige Thailands vorbeigeschaut haben. Besonders hervorzuheben ist hier König Chulalongkorn (Rama V.), der Ko Phangan insgesamt 18-mal besucht hat und auch Namensgeber des dazugehörenden Wasserfalls ist, den höchsten der gesamten Insel.

Der Fluss ergießt sich im Osten der Insel in den Golf von Thailand. Der Eintritt in den Than-Sadet-Nationalpark ist frei.

49 Than Sadet ★★★ [E2]
ธารเสด็จ

Der Strand Than Sadet liegt ein paar Kilometer südlich von Ao Thong Nai Pan und ist am besten per Boot zu erreichen. In der Regenzeit ist die Straße zu diesem Strand völlig unbefahrbar. König Rama V. besuchte den Than-Sadet-Wasserfall schon 1888 und auch Thailands derzeitiger Monarch Bhumipol war schon hier.

Der Strand ist hier sehr schön, wenn auch winzig – vielleicht der romantischste Strand der Insel – und von dichtem Dschungel umgeben. Than Sadet ist einer der letzten Orte auf Ko Phangan, an denen die Elektrizität erst bedingt vorgedrungen ist. Die Resorts werden abends von Generatoren betrieben, ansonsten geht es diesbezüglich noch wie in den 1970er-Jahren zu. Bei schlechtem Wetter kann es sein, dass die Boote ein paar Tage nicht kommen und ein Teil der Straße unpassierbar ist. Es

bleibt abzuwarten, ob der derzeit im Bau befindliche Flugplatz einen Einfluss auf den Strand haben wird.

Unterkünfte

› **J.S. Hut Resort** €€ <129> Tel. 077 445054, jshutresort@yahoo.com. Diese attraktive Anlage hat zwei Strandrestaurants und nimmt den größten Teil des Strandes ein. Sie bietet einfache und saubere Holzbungalows mit Bad. Air Condition gibt es in Than Sadet noch nicht.

› **Than Sadet Seaview** €€ <130> Tel. 086 9884340, 089 5879567, www.seaview. thansadet.com. Auf einer Felsklippe südlich des Strandes stehen zwölf einfache Holzhütten, die versteckt zwischen eindrucksvollen Felsen liegen und über eine abenteuerliche Brücke zu erreichen sind.

> *Blick über Haad Rin Nok und Haad Rin Nai*

Ko Phangan

Der Süden

㊿ Hat Yuan und Hat Thian ★★★ [E4]

หาดยวนและหาดเทียน

Diese beiden malerischen Strände nördlich von Haad Rin Nok und südlich von Than Sadet gelegen sind nur zu Fuß oder per Boot (50 Baht) zu erreichen. Trekker seien allerdings gewarnt – bis nach Hat Thian kann der Marsch 90 Minuten dauern. An beiden Stränden befinden sich Bungalowanlagen.

Unterkünfte

> **The Sanctuary Thailand – Resort** <131> **Spa & Detox Center** €€, Hat Thian, Tel. 081 2713614, www.thesanctuarythailand.com. Eines der architektonisch und vom Unternehmergeist her eindrucksvollsten Resorts der Insel. Das Sanctuary passt nicht in die übliche Resortschablone, da es von „professionellen Hippies" geleitet wird und einen sehr individuellen Touch hat. Die Bungalows und Villen sind an einen dicht bewaldeten Hang gebaut und einige Hütten sind dergestalt in die großen Felsen integriert, dass die Badezimmer romantischen Dschungelhöhlen gleich erscheinen. Es werden Yoga-Kurse angeboten und das Restaurant serviert unter anderem exzellente vegetarische Gerichte. Einen Schlafsaal gibt es auch. Sehr empfehlenswert.

Der Süden

Der Süden Ko Phangans hat bisher die größten touristischen Veränderungen erlebt und der Strand Hat Rin hat sich vom idyllischen Hippiestrand zu einem Partymonster gewandelt. Hier drängeln sich zahllose Restaurants, Bungalowanlagen, Geschäfte und Bars aneinander. Einmal im Monat findet hier die Full Moon Party statt (s. S. 64) und prägt damit nicht nur das Image des Strandes, sondern das der gesamten Insel. Auch an den weiter westlich Richtung Thong Sala gelegenen Nachbarständen Ban Khai und Ban Tai ist etwas los. Im Hinterland finden zudem diverse andere Partys statt und der Phaeng-Wasserfall im gleichnamigen Nationalpark ist einen Besuch und einen kurzen Trek wert.

🛑 Haad Rin Nok (Sunrise Beach) ★★★ [E4]
หาดริ้นนอก

Der Hauptstrand der Insel ist hervorragend zum Schwimmen geeignet und idyllisch von Kokospalmen umgeben. Allerdings inzwischen auch mit Hunderten von Bungalowanlagen, Bars, Restaurants und Discos zugepflastert – mit der Ruhe ist es hier vorbei. Aber für die Ruhe kommt ja auch niemand nach Hat Rin. Hat Rin ist ein Partystrand und wem das nicht zusagt, der sollte sich lieber anderswo eine Unterkunft suchen.

Wie (üb)erlebt man die Full Moon Party?

Die Full Moon Party auf Ko Phangan findet nunmehr seit gut 15 Jahren statt und hat sich zu einem der größten Dance-Festivals der Welt entwickelt. Einmal im Monat trifft sich am Hat Rin Beach die Welt, trinkt Unmengen Alkohol und tanzt zu Techno, Trance, House, Hip-Hop und Drum 'n' Bass oder was immer gerade aktuell ist. Zwischen 5000 und (an Neujahr) 15.000 Traveller fallen in dieser Nacht in Ko Phangan ein und selbst am Morgen drauf liegt noch manch Betrunkener mit Sonnenbrand und womöglich ohne Geldbeutel halb verschüttet am Strand. Das ist sicher nicht jedermanns Sache, aber bis auf ein paar Wochen in der Hochsaison sind die Tanzhorden an den anderen Stränden der Insel kaum zu bemerken. Wer also nichts von gigantischen Tanzveranstaltungen hält, muss lediglich Hat Rin an den Vollmondabenden meiden.

Da die Full Moon Party so ein riesiger Erfolg ist, gibt es auf Ko Phangan noch eine Reihe anderer Partys und Tanzveranstaltungen. In Ban Tai findet zweimal im Monat das Half Moon Festival statt (eine Woche vor und nach der Full Moon Party). Einmal monatlich findet eine sogenannte Black Moon Party am Sramanora-Wasserfall in Ban Khai statt. Dazu weitere kleinere Partys an diversen Stränden und Wasserfällen - man achte auf Poster, die auf der gesamten Insel an Palmen festgenagelt werden.

Es folgen ein paar Tipps, die eine Vollmondnacht am Hat Rin Beach zu einem tollen Erlebnis machen sollen:

Eine Unterkunft ist am Hat Rin Beach in den Tagen vor und nach der Full Moon Party nicht zu bekommen. Zimmer müssen grundsätzlich mindestens vier Tage vorgebucht werden und die Preise verdreifachen sich in dieser Zeit. Wer erst am Partytag ankommt, versuche am besten gleich, ein wenig außerhalb einen Bungalow anzumieten. Es ist auch möglich, per Speedboat von Ko Samui anzufahren, um dann im Morgengrauen auf die Nachbarinsel zurückzukehren.

Die Straße zwischen Hat Rin und Thong Sala ist an Partytagen stark befahren, Unfälle passieren regelmäßig und enden gelegentlich tödlich. Zudem checkt die Polizei alle Motorradfahrer vor Hat Rin auf Drogen. Am besten nehme man ein Taxi ab Thong Sala.

Am Hat Rin Strand findet sich eine kleine Ruhezone, die von freiwilligen Helfern bewacht wird. Wer zu viel getrunken hat, kann hier in Ruhe einschlafen, ohne Angst haben zu müssen, bestohlen zu werden. Wer Erste Hilfe braucht, sollte sich an einen der freundlichen Helfer wenden.

Einmal im Monat findet hier die Full Moon Party statt, eine Nacht, in der vor 8.30 Uhr des nächsten Morgens, wenn die Polizei die zahlreichen Musikanlagen abstellt, keine Chance auf Schlaf besteht. Zu dieser Zeit, vor allem während der Hochsaison, bestehen die meisten Bungalowunterneh-

Das Essen am Strand ist, wie sonst auch bei Festivals, schlecht und ölig und wird nur Betrunkene zufriedenstellen, aber bis 23 Uhr sind die meisten Restaurants in Hat Rin geöffnet.

Die Full Moon Partys sind recht sichere Veranstaltungen. Aufpassen sollte man auf alle Fälle trotzdem auf Geldbeutel, Kameras etc.

Auch in billigen Guest Houses und Bungalows kann Diebstahl an Vollmondnächten ein Problem sein.

Auf keinen Fall sollte man Drogen irgendeiner Art von Fremden annehmen (siehe Exkurs Drogenwarnung, S. 68).

Da der Strand schon am frühen Abend mit Glasscherben und brennenden Zigaretten übersät ist, sollte man Schuhe tragen.

Jedes Jahr ertrinken einige Touristen bei der Party. Wer betrunken oder zugedröhnt ins Wasser geht, riskiert sein Leben.

Sogenannte Buckets (Eimer), eine harte Kombination aus Cola, Red Bull und billigem Thai Whiskey, die aus einem Plastikeimer per Strohhalm getrunken wird, wird überall am Hat Rin Beach unglaublich preiswert verkauft. Die Effizienz dieser Eimer ist nicht zu unterschätzen und manch junger Partybesucher liegt schon um Mitternacht bewusstlos im Sand.

men darauf, dass man mindestens drei Nächte bucht. Alle Resorts ziehen die Preise während der Full Moon Party gewaltig an.

Unterkünfte

> **Amaresa Resort** €€€ <132> Tel. 077 375088, www.amaresa.co.th. Nette Anlage an einem Hügel östlich von Haad Rin Nok gelegen mit sehr schönem Blick über die Bucht. Helle Bungalows und große Zimmer mit und ohne A.C. und Frühstück. Ganz nah am Partytrubel, aber doch in sicherer Distanz. Es lohnt sich, vorab zu buchen, nicht nur für die Partytage.

> **Paradise Bungalow** €€ <133> Tel. 077 375244, www.paradisebungalowskoh phangan.com. Im zentralen Bereich gleich am Strand, direkt an dem Ort, an dem die Full Moon Partys begannen. Einfache Holzbungalows, dazu moderne Zementbungalows mit A.C.

> **Sunrise Resort** €€€ <134> Tel. 077 375145, Fax 077 375147, www. phangansunrise.net. Kleine, stilvolle Bungalows und eine sogenannte Thai House Villa für drei Personen (5000 Baht). Die Bungalows stehen um einen Pool gruppiert direkt am Strand und haben alle A.C., Mini-Bar, TV und WiFi.

Essen und Trinken

> **Bongo** € <135> geöffnet tägl. 8 Uhr bis spät. Preiswertes, etwas vom Strand zurückversetztes Restaurant, das eine große Auswahl thailändischer Standardgerichte im Backpackerstil serviert.

> **Same Same Restaurant** €€ <136> Tel. 081 8923806, www.same-same.com, geöffnet tägl. 8.30–1 Uhr. Internationale Küche für Rucksackreisende (besonders gut sind die Gerichte aus Skandinavien), Live-Musik, Billardtische, Filmshows, Kochkurse. Vor der Full Moon Party wird ein großes Party-Buffet serviert. Mit WiFi.

Der Süden

Nachtleben

Eine Bar reiht sich an die nächste an diesem Strand und nicht nur während der Full Moon Partys geht es hoch her. Einige Bars (besonders Cactus und Drop-Inn) stellen Feuerjongleure an, die allabendlich am Strand eine wilde Show abziehen. Mancher Besucher möchte sich diese Kunst am folgenden Tag beibringen lassen – das Jonglieren von Stöcken, deren Enden mit in Diesel getunkten Textilien umwickelt sind, ist freilich nicht ganz risikofrei.

❭ **Mellow Mountain** €€ <137> geöffnet tägl. 16 Uhr bis spät. Einer der besten Aussichtspunkte Haad Rin Noks, am nördlichen Ende des Strandes und etwas den Berg hinauf. Tolle Blicke über die Bucht und sehr relaxte Atmosphäre. Warum das so ist, findet man heraus, wenn man ankommt …

❭ **Tommy** €€ <138> Tel. 077 375253, geöffnet tägl. 16 Uhr bis spät. Einer der größten Strandklubs Haad Rin Nais. Bikiniwettbewerbe, Strandfußball und jede Menge Trance-Musik gehören zur Party.

🔢 Haad Rin Nai (Sunset Beach) ★★★ [E4]

หาดริ้นใน

Dies ist Haad Rin Noks Nachbarstrand, an der anderen Seite des schmalen Landzipfels gelegen und wohl mit noch mehr Bungalows versehen. Der Strand ist nicht spektakulär, aber etwas ruhiger als Haad Rin Nok.

Unterkünfte

❭ **Coral Bungalows** € <139> Tel. 077 375023, www.coralhaadrin.com. Etwas abseits des Partystrandes in Richtung Ban Khai macht das Coral seine eigene Poolparty. Wer gerne nächtelang durchfeiert, liegt hier richtig. Und die Zimmer und Bungalows sind recht preiswert.

❭ **Lighthouse Bungalow** € <140> Tel. 077 375075. Unterschiedliche Bungalows, relativ einsam und von Palmen umgeben am Südende des Strandes gelegen. Die billigsten Hütten kosten 300 Baht. Preiswertere Deals sind in Haad Rin nicht zu haben.

❭ **Neptunes Villa** €€€ <141> Tel. 077 375251, http//neptunesvilla.net. Eine große Auswahl an netten, hellen Zimmern in einem Hotelbau um einen Swimmingpool im Zentrum von Haad Rin Nai, und zur Party ist es nicht weit zu laufen. Dazu Villen ab 5000 Baht.

❭ **Rin Beach Resort** €€€ <142> Tel. 077 375112, www.rinbeachresort.com. Direkt an der Südseite des Piers, sehr ordentliche, relativ neue Bungalows mit Balkon oder großer Terrasse, alle mit A.C. in verschiedenen Größen ab 1200 Baht. Am teuersten sind die gemütlichen Hong Rua-Bungalows (7500 Baht), die wie Fischerboote aussehen und allen Komfort sowie eine Dachterrasse mit Blick über die Bucht und den Bootspier und einen Jacuzzi bieten. Speedboats können gemietet werden.

Essen und Trinken

❭ **Lucky Crab Restaurant** €€ <143> geöffnet tägl. 11 Uhr bis Mitternacht. Gutes Restaurant, unter deutschem Co-Management, das mit die besten Meeresfrüchte in Hat Rin serviert. Die Pizzen sind auch nicht schlecht.

❭ **Om Ganesh Restaurant** € <144> geöffnet tägl. 11 Uhr bis Mitternacht. Gutes indisches Essen – Curries, im Tandoor gebackene Brote, Lassis, Dhal etc. sowie eine Auswahl an vegetarischen Gerichten. Talis, sowohl vegetarische als auch mit Fleisch oder Fisch sowie thailändische Gerichte gibt es auch.

▷ *Ein Mönch betet vor dem Wat Khao Noi*

Ko Phangan
Der Süden

KURZ & KNAPP

Die Küche Thailands kennenlernen
Wem der Strand zu langweilig wird, findet möglicherweise an einem Kochkurs Gefallen. Empfehlenswert ist die Cookery School des Same Same Restaurants. Kostenpunkt: 22 Euro für einen eintägigen Kurs, 66 Euro für einen dreitägigen Kurs.
> Tel. 077 375200, www.same-samecookeryschool.com

Nachtleben
> **Backyard Club** €€ <145> In dieser Bar im Süden Haad Rin Nais findet eine Recovery-Party nach der Full Moon Party statt, was die totalen Insomniaks freuen sollte.

ⓓ Ao Ban Khai ★★ [D4]
อ่าวบ้านไข่

Die Verlängerung des Haad Rin Nai im Bereich des Dorfes Ban Khai mit mehreren, von Felsformationen unterbrochenen kleinen Buchten. Hier ist es etwas ruhiger als am Haad Rin Nai, aber immer noch recht nahe am Geschehen. Auch hier sollte man während der Full Moon Party-Tage unbedingt vorbuchen.

Unterkünfte
> **Blue Lotus Resort** € <146> Tel. 077 238489, www.bluelotusresort.com. Einfache Holzbungalows mit und ohne A.C., direkt am Strand. Ein mexikanisches Restaurant ist angeschlossen. Zudem WiFi-Service.
> **Phangan Orchid Resort** €€€ <147> Tel. 077 238819. Direkt am Strand im zentralen Bereich, sehr gute Bungalows zum Teil mit A.C. Empfehlenswert, besonders in der höheren Preislage.
> **Thong Yang Bungalows** €€ <148> Tel. 077 238192, www.thongyangbungalow.com. Einfache Bungalows am Strand oder etwas zurückversetzt an einem Hang. Jedoch genau unterhalb des Teilstücks Straße gelegen, an dem jedes Jahr zahlreiche lebensmüde und betrunkene Touristen verunglücken. D. h. nahe an Hat Rin, aber nicht so nahe, dass man nicht seine Ruhe hätte.

ⓔ Ban Tai ★★★ [D3]
บ้านใต้

Dieser Strand, benannt nach dem „Süd-Dorf" Ban Tai, ist zwar nicht sonderlich attraktiv, dafür liegt er gefühlte Welten entfernt von Hat Rin und dem Party-Trubel nahe der „Hauptstadt" Thong Sala.

Der Süden

EXTRATIPP

Drogenwarnung für Ko Phangan

Der **Hat Rin Beach** im Süden der Insel hatte sich vor Jahren zu einem Drogenparadies entwickelt – alles, was es zu rauchen oder schlucken gab, war dort erhältlich. Die wilden Zeiten sind längst nicht mehr so wild, wie sie in den 1990er-Jahren waren. Thailand hat nun schon lange den **Ruf eines Landes, das drogenkonsumierende Ausländer nicht toleriert.** Strenge Gefängnisstrafen für Schmuggler und ungemein hohe Schmiergeldforderungen der Polizei von Konsumenten haben ein Übriges getan, um die Situation auf Ko Phangan zu entschärfen. Heute werden die **Full Moon Partys von der Polizei streng kontrolliert** und man wird am Hat Rin Beach kaum einen Joint riechen. Es heißt also, auf keinen Fall Drogen von Fremden anzunehmen oder offen zu konsumieren. Einzige Ausnahme ist die Magic Mushroom Bar am Ostende des Strandes den Berg hinauf, wo offen Mushroomdrinks ausgeschenkt werden (500 Baht pro Glas).

Die Drogenexzesse machten sich einige skrupellose Einheimische zunutze, die sich bei berauschten Touristen als Polizisten ausgaben und mit „Verhaftung" und langen Gefängnisstrafen drohten. Zur Unterstreichung ihrer Authentizität führten diese Zeitgenossen oft Walkie-Talkies mit sich. Nach einer satten Zahlung ließen die **Schein-Polizisten** dann ihre Opfer wieder frei. Dabei verloren einige alles, was sie besaßen und ihre Reise war damit zu Ende.

Die wirkliche Polizei fahndet auch nach Touristen, die Substanzen in der Tasche haben und die **Strafen für Drogendelikte fallen in Thailand sehr streng aus.** Zu Verhaftungen und Gerichtsverfahren kommt es für die meisten Ausländer, die in Hat Rin mit Drogen erwischt werden, allerdings selten. Polizisten in Zivilkleidung patrouillieren am Strand und die zu zahlenden **Schmiergelder** sind sehr, sehr hoch. Die Polizei checkt auch sonst rund um die Insel jeden Tag **Motorradfahrer** und wer mit Gras oder sonstigen Drogen erwischt wird, hat eine Menge Ärger und eine fette Geldstrafe am Hals. Selbst in einigen Bars werden Razzien durchgeführt. Man sei gewarnt.

An der Straße von Ban Tai nach Hat Rin haben sich in den letzten Jahren eine ganze Reihe Bierbars angesiedelt, in denen Hunderte Hostessen auf Kunden warten.

Infos und Reisetipps

Noch mehr Party! Wer auf Ko Phangan Urlaub macht und nicht zur Zeit der Full Moon Party da ist, muss noch lange nicht verzweifeln. In Ban Tai finden die sogenannten Black Moon und Half Moon Party statt. Die Atmosphäre bei diesen Veranstaltungen ist deutlich entspannter als bei der Full Moon Party. Genaue Daten findet man unter www.fullmoon.phangan.info.

❯ **Blackmoon Party,** die Party findet einmal im Monat am Strand von Ban Tai statt, zeitlich genau zwischen den Full Moon Partys. Eintritt 300 Baht.

❯ **Halfmoon Party,** sie findet gleich zweimal im Monat etwas weiter im Landesinneren in einem Wald statt. Sehr entspannte Atmosphäre. Eintritt 300 Baht.

❯ **Massagen bei Pa Mai** sind sehr zu empfehlen und haben dem Autor schon einige Male den Rücken gerettet. Ein kleines Massagestudio an der Hauptstraße, auf der linken Seite gelegen, von Thong Sala kommend. 250 Baht/Std.

▷ *Touristen kommen auf der Insel Nang Yuan an*

Ko Phangan

Praktische Reisetipps

Unterkünfte

› **Hard Road Café** € <149> Tel. 082 5303440, 086 0559441, www.hardroadphangan.com. Hier gibt es alles, was der junge Traveller braucht – preiswerte Schlafsäle (für 3–14 Personen, teilweise nach Geschlechtern getrennt), Restaurant, WiFi, Massageservice, Jacuzzi, Tischtennis, ein Zimmer für Playstation, eine große Leinwand für Fußballspiele, allabendliche Pokerrunden und auch ein paar Bungalows. Das Restaurant bietet die übliche Speisekarte mit thailändischen und europäischen Gerichten. Wer Party will und nicht viel wert auf Privatsphäre legt, ist hier richtig aufgehoben.

› **Milky Bay Resort** €€€ <150> Tel. 077 238566, www.milkybay.com. Eine der attraktivsten Bungalowanlagen in Ban Tai bietet große Bungalows mit A.C. Die meisten Bungalows haben komfortable, separate Sitzecken. Zur Anlage gehören ein Swimmingpool und ein Restaurant, das gute Pizza serviert. Das Personal trägt Uniform. Während der Full Moon Party müssen mindestens vier Tage gebucht werden. Gute Preise finden sich über das Internet.

Essen und Trinken

› **Chor Chang Restaurant** €€ <151> geöffnet tägl. 18–22 Uhr. Nur auf Thai, erkennbar an einem beleuchteten Coca Cola-Schild mit einem kleinen Elefanten. Das Restaurant befindet sich direkt neben der Fanny Bar an der Straße zwischen Ban Tai und Hat Rin. Meeresfrüchte, besonders die Austern, sind hier sehr gut. Vielleicht die besten der Insel.

› **Fanny Bar** <152> €€, geöffnet tägl. 17 Uhr bis spät nachts. Eine Hostessenbar, in der man von einer kleinen Armee *kathöys* (Ladyboys) willkommen geheißen wird.

Praktische Reisetipps

Transport auf der Insel

› Von Thong Sala fahren **Songthaews** zu den diversen Stränden: Hat Rin 100 Baht, Hat Chalok Lum 150 Baht, Ao Thong Nai Pan 150 Baht (am besten fragt man nach dem Preis, bevor man einsteigt). In der Hochsaison oder während der Full Moon Partys gehen diese Preise hoch. Während der Partys in Hat

Ko Phangan
Praktische Reisetipps

Rin und Ban Tai fahren die ganze Nacht durch Songthaews zwischen den Stränden und Thong Sala hin und her.
› **Motorradtaxis,** die nahe dem Pier in Thong Sala (s. u.) auf Passagiere warten, kosten etwa dasselbe oder ein wenig mehr. Weibliche Besucher sollten es vermeiden, nachts mit Motorradtaxis zu fahren.
› **Motorräder mieten** kann man bei **Kate** (Tel. 077 377734) und **Oh Internet & Travel** (Tel. 077 377366, 083 6484379) in Thong Sala, ab 150–400 Baht, je nach Modell. In Hat Rin und an einigen anderen Stränden lassen sich ebenfalls Motorräder mieten. Einen Führerschein braucht man dafür nicht, lediglich den Pass muss man hinterlegen. Mancher Vermieter verlangt viel zu hohe Kostenentschädigung im Falle eines Schadens, Mietverträge also genau durchlesen! Die Polizei hat über die gesamte Insel Checkpunkte verteilt und wer ohne Helm erwischt wird, hat eine Geldstrafe bis zu 400 Baht zu zahlen.

‹ *Fischerboot im Abendlicht der Bucht Mae Hat*

//
Ko Tao

Der Westen

Lange war sie ein Geheimtipp, eine Insel, die von Leuten angesteuert wurde, denen Ko Phangan noch zu überlaufen war – Ko Tao, die „Schildkröteninsel", 40 km nördlich von Ko Phangan gelegen. Ko Tao ist ca. 3 km breit, 7 km lang und beherbergt knapp 1000 Einwohner. In den 30er-Jahren des letzten Jahrhunderts wurde ein **Gefängnis** auf der Insel gebaut, das in den Jahren 1933–47 seinen Zweck erfüllte. Nach einer königlichen Amnestie wurden die Häftlinge entlassen, das Gefängnis wurde geschlossen und Ko Tao erst einmal von der Außenwelt vergessen. Einige der ehemaligen Strafgefangenen blieben auf der Insel, was vielleicht auch den nicht immer ganz blütenreinen Ruf derselbigen erklärt. Hinzu kamen Bewohner von Ko Phangan, Ko Samui und Chumphon, die nach Ko Tao übersiedelten, um dort **Kokosnusspalmen** anzupflanzen. Eines der größten Ereignisse war damals wohl das gleichzeitige Herabfallen diverser Kokosnüsse – dann kamen die Traveller, stetig mehr.

Aufgrund der **großartigen Tauchgründe** bei Ko Tao siedelten sich bald auch Tauchschulen an, und heute ist Ko Tao wahrscheinlich der beste Ort, um in Thailand das Tauchen zu erlernen. Allerdings haben inzwischen zu viele Tauchunternehmen auf der Insel geöffnet – dadurch sind die umliegenden Tauchplätze übertaucht. Zudem wurde Ko Tao in den letzten Jahren auch von einheimischen Touristen entdeckt, die meist in großen Gruppen an Wochenenden und Feiertagen zum Schnorcheln kommen.

Der nördliche Teil der Insel ist relativ **bergig und unzugänglich**, an der West-, Süd- und Ostküste breiten sich dafür einige sehr schöne Strände aus, die mittlerweile von **fast 100** **Bungalowkolonien** geziert werden. Mehr als 100.000 Besucher pro Jahr erwartet eine breitgefächerte Auswahl an Unterkünften – von einfachen Holzbungalows ab 300 Baht bis zu Luxusvillen, die über 100 US$ pro Nacht kosten. Zudem gibt es Spaß, Motorradverleihs, Billardsalons, Internetcafés, gediegene Restaurants und Hamburger-Imbisse, jede Menge Bars und auch die Vollmond-Partys von Ko Phangan finden hier im kleineren Rahmen statt. Man kann sich sogar tätowieren lassen. Und die Zeiten, da man Berge von Bargeld auf die Insel schleppen musste, sind auch vorbei: Heute gibt es **Wechselstuben** und **Geldautomaten** auf der Insel.

In Mae Haad und am Haad Sai Ri gibt es einige **Kliniken,** in denen man bei kleineren Unfällen behandelt werden kann und wo auch einfache Medikamente zu kaufen sind.

Trotz aller Entwicklung ist es kein Wunder, dass viele Reisende länger als geplant auf Ko Tao hängen bleiben – die Insel ist noch immer relativ ruhig und hat, verglichen mit Ko Samui und Ko Phangan, ein deutlich jüngeres und dynamischeres, vielleicht gar **leicht alternatives Flair.**

Der Westen

55 Mae Haad ★★ [ag]
แม่หาด

Ko Taos Hauptstrand ist in den letzten Jahren zu einer kleinen Stadt herangewachsen – Restaurants, Bäckereien, Cafés, Bungalowanlagen,

◁ *Vorseite: Sprung in die Tiefe – ein Taucher vor Ko Tao*

Ko Tao 73
Der Westen

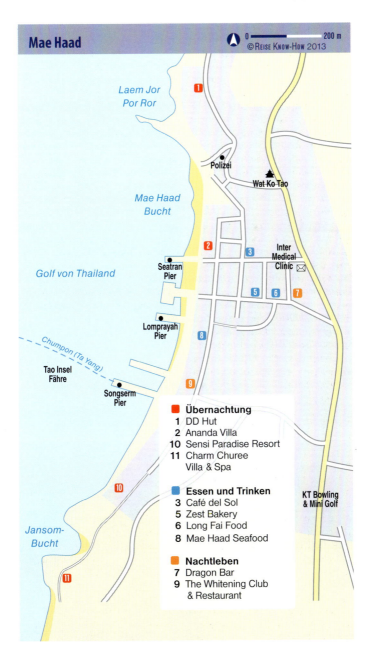

Tauch- und Schnorchelunternehmen

Derzeit gibt es ungefähr vierzig Tauchunternehmen auf der 21 km² kleinen Insel, ein halbes Dutzend davon gleich am Pier. Um Ko Tao herum werden 32 verschiedene Tauchreviere angesteuert, wovon die meisten in weniger als 30 oder 40 Minuten Fahrzeit zu erreichen sind. Aufgrund der hohen Dichte an Tauchschulen sowie der Tatsache, dass die meisten Besucher Low-Budget-Reisende sind, bekommt man hier die niedrigsten Preise für Tauchkurse in Thailand. Viertägige Open Water PADI-Kurse z. B. kosten bei kleineren Unternehmen ab 9000 bis 10.000 Baht, bei größeren sind sie noch etwas günstiger. Advanced PADI-Kurse kosten um die 8500 Baht. Tauchgänge nahe der Insel kosten in der Regel 700 bis 1000 Baht. Wer seinen Kurs in einem Tauchresort absolviert, bekommt oftmals kostenlose Unterkunft angeboten. Die meisten Unternehmen werden von Europäern, Amerikanern oder Australiern geleitet und trotz der niedrigen Preise ist der Sicherheitsstandard in der Regel sehr hoch. Die größeren Tauchgeschäfte haben sehr viele Kunden und dementsprechend sind die Klassen auch oft recht groß. Die größte Tauchschule Ko Taos bildet mehr als 6000 Taucher im Jahr aus. In den größeren Unternehmen trifft man auch viele andere Traveller und es herrscht meist Partyatmosphäre. Wer das Tauchen wirklich ernst nehmen möchte, sollte sich vielleicht nach einer kleineren Schule umsehen, die maximal vier Taucher pro Klasse aufnimmt und generell längere Tauchgänge bietet.

› **Asia Divers,** *Mae Haad und Haad Sai Ri, Tel. 077 456055, asiadive@samart.co.th, Tauchschule mittlerer Größe*

☐ *Taucher erkunden die Unterwasserwelt um Ko Tao*

Ko Tao 75
Tauch- und Schnorchelunternehmen

> **Alvaro Diving,** Chalok Baan Kao, etwas westlich des Hauptstrandes, Tel. 077 456457, www.divingcour seskohtao.com, neue, kleine und empfehlenswerte Tauchschule

> **Big Bubble Divers,** Chalok Ban Kao, Tel. 077 456669, www.big bubble.info, bietet PADI-Kurse auf Deutsch an

> **Black Tipp Dive Resort & Watersport Center,** Ao Tanot, Tel. 077 456488, www.blacktipdiving.com, hier wird in kleineren Gruppen getaucht. Das Resort wird von einem sehr freundlichen Thai geleitet. Mit angeschlossenen Bungalows mit und ohne A.C., auch für Familien.

> **Buddha View,** Chalok Ban Kao, Tel. 077 456074, Bangkok 02 6293824, buddha@samart.co.th, großes Tauchunternehmen mit Bungalows sowie Kajak- und Mountainbike-Verleih

> **Calypso Dive Center,** Ao Tanot, Tel. 077 456745, www.calypso-diving-kohtao.de, ein kleines, aber gutes Tauch-Center, das PADI-Kurse auf Deutsch anbietet

> **Carabao,** Chalok Ban Kao, Tel. 077 456635, www.carabao-diving.com, kleine, empfehlenswerte Tauchschule, mit Bungalows

> **Impian Divers,** in Mae Haad direkt an der Hauptstraße, die vom Pier den Berg hinaufführt, am 7/11 vorbei auf der linken Seite, Tel. 077 456369, 089 6504657, 090 7098803, www.impiandivers.com. Diese kleine Tauchschule ist besonders zu empfehlen, hier werden die Klassen klein gehalten, der Unterricht wird sehr ernst genommen und die Fun Dives führen oftmals an Orte, die von anderen Schulen nur selten angesteuert werden. PADI-Kurse werden u. a. auf Deutsch, Französisch und Holländisch angeboten. Außerdem engagiert sich Impian für den Korallenschutz.

> **Koh Tao Divers,** Sai Ri, Tel. 077 456134, www.kohtaodivers.com, unter finnischer Leitung, empfehlenswert

> **New Heaven Dive Shop,** Chalok Ban Kao, Tel. 077 457045, www.newheavendiveschool.com, setzt sich für die Umwelt ein, nimmt an Riffsäuberungen teil

> **Scuba Junction,** Sai Ri, Tel. 077 456164, info@scuba-junction.com, mittelgroßes Unternehmen mit angeschlossenen Bungalows

> **Scuba View Dive Resort,** Hin Wong Bucht, Tel. 077 456964, kleine, empfehlenswerte Tauchschule unter dänischer Leitung

> **Sangthong Tour,** Tel. 077 456073, 081 7979931, 086 2728227, www.kohtaosangthongtour.com, hier können Schnorcheltouren zu den besten Korallenriffen um Ko Tao unternommen werden. Die Touren dauern von 8.30 bis 18 Uhr. Masken, Lunch und Getränke sind im Preis inbegriffen, Kostenpunkt 850 Baht. Geleitet wird das Unternehmen von der sehr freundlichen Mrs. Pook und von Mr. Wit, die in Mae Haad an der Hauptstraße schräg gegenüber dem 7-Eleven das Pook Restaurant leiten. Für Besucher, die nicht mit einer Gruppe schnorcheln wollen, ist es auch möglich, private Lanhschwanzboote anzumieten.

Ko Tao

Der Westen

Hotels, Bars, Tauchschulen, Reisebüros und Geschäfte drängeln sich entlang des Strandes. Eine geteerte Hauptstraße windet sich den Berg hinauf, zudem legen hier die Boote vom Festland sowie von Ko Samui und Ko Phangan an. Mae Haad ist daher de facto die Hauptstadt der Insel. Dennoch ist die seichte Bucht teilweise noch immer recht attraktiv. Im Süden des Strandes vor dem Sensi Paradise Resort liegt das Wrack eines alten Tauchbootes ca. 3 m unter Wasser und lädt zum Schnorcheln ein. Man achte beim Schwimmen auf Taxiboote und Fähren, die tagsüber pausenlos ankommen und ablegen.

Unterkünfte

■ **Ananda Villa** €€ <153> 9/1 Moo 2, Tel. 077 456478, http://anandavilla.com. Sehr nette Zimmer mit A.C. und teilweise mit Balkon in einem strahlend weißen Neubau im mediterranen Stil, direkt am Strand für 1800 Baht. Dazu preiswertere (500 Baht) solide Holzbungalows (ohne A.C.) zurückversetzt in einem Garten. Das Restaurant ist auch nicht schlecht.

■ **Charm Churee Villa** €€€€€ <154> Tel. 077 456393, 077–456394, www.charm chureevilla.com. Absolut luxuriöse Bungalows an einem malerischen Strand (Jansom Bucht) im Süden von Mae Haad. Die Bungalows sind sehr schön in die Felsen um den Strand integriert und man kann direkt vom palmengesäumten Strand aus losschnorcheln. Ein Spa ist angeschlossen und Kajaks können angemietet werden.

■ **DD Hut** €€ <155> 3/3 Moo 2, Tel. 077 456077, 600–1200 Baht. Einfache Bungalows direkt am Strand. Das Restaurant serviert wirklich gute thailändische Küche (sowie westliche Standardgerichte), hat WiFi und einen kostenlosen Billardtisch. Zudem einer der verlässlichsten Motorradvermieter.

■ **Sensi Paradise Resort** €€€€€ <156> 27 Moo 2, Tel. 077 456244, Fax 077 456245, www.sensiparadise.com. Gemütliche, recht attraktive Holzbungalows und Häuser bis zu 120 m² in malerischer Umgebung, teilweise am Strand. Letztere kosten 6000 Baht, die preiswertesten Bungalows in sehr gepflegter Gartenanlage kosten 2500 Baht, sind allerdings nicht am Strand. Sehr empfehlenswert. Mit einem der besten Swimmingpools der Insel.

Essen und Trinken

Frisches Obst gibt es vor dem 7-Eleven an der Hauptstraße zu kaufen. Ein paar Stände, die eventuell Pfannkuchen oder gebratenes Hühnchen anbieten, sind nachmittags bis abends ebenfalls aktiv.

■ **Café del Sol** €€€ <157> 9/9 Moo 2, Tel. 077 456578. Dieses einfach schicke zur Straße hin offene Restaurant inmitten Mae Haads könnte auch in Europa auf einer Mittelmeerinsel stehen: Pizza, Pasta und Salate sowie gesunde Obstsäfte schmecken authentisch westlich. Die Cocktails sind auch gar nicht schlecht, doch für später am Abend ist das del Sol nichts. Mit WiFi.

■ **Long Fai Food** € <158> an der Hauptstraße von Mae Haad, ca. 200 Meter nach dem 7/11, geöffnet tägl. ab 11 Uhr bis Mitternacht. Nicht schlecht und sehr preisgünstig wird dieses kleine Restaurant von ein paar freundlichen Einheimischen gemanaged. Die Thaigerichte schmecken super und so authentisch wie man es wagt – in Bezug auf den dazugehörigen Chili. Und wie gesagt, wirklich nicht teuer.

■ **Mae Haad Seafood** € <159> Moo 2, geöffnet tägl. 8–23 Uhr. In der kleinen Gasse, die zum Lomprayah Pier führt, befinden sich eine Reihe guter Restaurants mit Terrassen direkt am Strand. Das Mae Haad Seafood ist mit das beste, der Fisch und die Shrimps schmecken durchweg gut. Gebratene Nudeln und Reis mit und ohne Fleisch gibt es natürlich auch. Die Küche ist allerdings auf Traveller zugeschnitten und nicht ganz authentisch – sprich nicht zu würzig und scharf.

■ **Zest Bakery** €€ <160> Hauptstraße Mae Haad. Von ein paar freundlichen Burmesen geleitetes Café, es bietet sehr gute Salate, dazu Fish & Chips, Burger, Brote und andere Backwaren. Frischen Kaffee und gute Obstsäfte gibt es auch. Eine Filiale findet sich in Sai Ri.

Nachtleben

■ **Dragon Bar** €€ <161> Hauptstraße, geöffnet tägl. 18–2 Uhr. Aus irgendeinem Grund ist die im attraktiven Retrokitsch ausgestattete Dragon Bar nicht mehr so populär wie vor ein paar Jahren. Dennoch ist sie die hippeste Bar in Mae Haad. Hier läuft Jazz, Grunge, Dub und Hip Hop. Es gibt eine große Auswahl an Cocktails sowie Bruce Lee-Dekor, einen Billardtisch und große Bildschirme, die den ganzen Abend Fische (vor allem endlose Loops der Bullenhaie) aus den Gewässern um Ko Tao zeigen. Sie sorgen für die richtige Stimmung nach einem langen Tag auf dem oder unter dem Wasser. Mit WiFi.

■ **The Whitening Club & Restaurant** €€ <162> Moo 2, geöffnet tägl. 18–1 Uhr. Dieser halbschicke Laden direkt am Strand kann sich schon seit Jahren nicht entscheiden, ob er Restaurant oder schicke Bar mit minimalistischem Design sein will. Egal, das Fusion Food ist nicht schlecht, der Sonnenuntergang ist spektakulär, man hört Live-Musik der dezenten Sorte. Leicht gehobene Preise, aber das Ambiente ist es wert. Mit WiFi.

Einkaufen

Im Zentrum Mae Haads befinden sich eine Handvoll Shops, die Tauch-

ausrüstungen verkaufen, gewiss die besten Tauchgeschäfte der Insel. Die großen Marken sind alle vertreten und die Preise so ähnlich wie zu Hause.

56 Haad Sai Ri ★★★ [af]
หาดทรายรี

Wer den reinen Strandurlaub und lange Nächte sucht, ist hier gut aufgehoben. Ko Taos längster und lebendigster Strand bietet zahllose Unterkunftsmöglichkeiten, Restaurants, Bars, Internetcafés und Tauchgeschäfte. Dem Durchschnittsalter der Gäste in Sai Ri entsprechend ist das Angebot an Pizzen, Burgern und anderem Junkfood immens. Ein paar Buchläden, die meist gebrauchte Titel, darunter auch viele Bücher auf Deutsch, verkaufen, sind ebenfalls zu finden. Bis Sai Ri ist die Inselstraße geteert, aber man fahre vorsichtig, auf dieser Strecke passieren zahlreiche Unfälle. Besser ist es, den ruhigeren Strandweg entlangzulaufen. Der Strand selbst ist trotz des Trubels noch immer sehr attraktiv, aber beim Schwimmen sollte man immer auf ankommende und abfahrende Taxiboote achten – der Verkehr auf dem Wasser ist sehr rege. Das Wasser ist zudem bis ziemlich weit raus sehr flach. Abends dreht ein Klub nach dem anderen die Musik auf. Viele Bungalows werden daher nach Einbruch der Dunkelheit permanent beschallt. Die Preise sind generell deutlich höher als in Mae Haad.

57 Der Walhai ★ [af]
โครงกระดูกฉลามวาฬ

Die einzige Sehenswürdigkeit ist das Gerippe eines Walhais, das oberhalb von Sai Ri ein paar Minuten Fuß-

Der Westen

marsch an einem Hang liegt. Wie es dort hingekommen ist, weiß niemand.

Unterkünfte

› **Dusit Buncha Resort** €€€€€ <163> Tel. 077 456730, www.dusitbunchkohtao.com. Am Ende einer haarsträubenden Straße nördlich von Sai Ri liegt diese luxuriöse Anlage, die unter anderem Gäste der königlichen Familie willkommen heißt. Sehr geräumige Bungalows und Bungalow-Suiten in einem steilen Hanggelände. Die komfortablen Unterkünfte, allesamt mit A.C., erstrecken sich bis an das Wasser hinunter. Einen Strand gibt es hier allerdings nicht. Man kann jedoch direkt von einer Reihe Felsen aus schwimmen und schnorcheln. Am besten ist das Resort mit einem Taxiboot (250 Baht) zu erreichen. Sehr ruhig. Bungalows und Suiten 3000–14.000 Baht.

› **S.B. Cabana Bungalows** €€ <164> Tel. 077 456005. Einfache Holzbungalows und neuere Betonhütten mit A.C. in einem Garten in Strandnähe gelegen. Sehr junges Klientel. Der gleichen Familie gehört das ähnliche, nebenan gelegene S.B. Cabana Bungalows 2, Tel. 077 456600, das ebenfalls einfache Holzbungalows und neuere Betonhütten mit A.C. in einem Garten in Strandnähe bietet. Allerdings stehen die Bungalows hier sehr dicht beieinander.

› **Sai Ree Cottages** €€€ <165> Tel. 077 456126, www.saireecottagediving.com. Riesige Gartenanlage, einfache aber ordentliche Bungalows, teilweise mit A.C., neuere Bungalows direkt am Strand. Nicht schlecht für den Preis. Mit Tauchgeschäft, Massage-Schule, Spa und Restaurant. Die Angestellten können etwas muffelig sein.

› **Sea Shell Dive Resort** €€€€ <166> Tel. 077 456299, 081 2718826, www.seashell-resort.com. Gute, meist sehr einfache Holzbungalows, nette Lage direkt am Strand und in einem Garten über den Strandweg, z. T. mit A.C. Die neueren, teureren Bungalows sind in weitaus besserem Zustand. Wie der Name schon sagt, ist ein Tauchunternehmen angeschlossen. Hier werden auch Massage-Kurse angeboten. Die Gegend kann nachts recht laut sein.

› **Thipwimarn Resort** €€€€€ <167> Tel. 077 456409, www.thipwimarnresort.com. Im Norden Sai Ris gelegen symbolisiert diese architektonisch eindrucksvolle Anlage möglicherweise die Zukunft Ko Taos. Ein luxuriöses Boutique Resort mit einer großen Auswahl an unterschiedlichen, ästhetisch eigenwilligen, mit allem Komfort ausgestatteten Bungalows und Bungalow-Suiten, die einem Science Fiction-Film entkommen zu sein scheinen. In einen steilen, bewaldeten Hang hineingebaut, mit tollem Ausblick auf das Meer. Dazu ein Spa und Swimmingpool. Vom Trubel in Sai Ri abgeschottet. Ab 2800 Baht.

Essen und Trinken

› **Darawan** €€€ <168> Tel. 077 456466, geöffnet tägl. 9–22 Uhr. Wer in Ko Tao

Der Kapitän eines Langschwanzbootes vor Ko Tao

richtig fein essen will, liegt hier richtig. Thailändische und internationale Gerichte sowie tolle Blicke in einem modernen Restaurant.

› **New Heaven Café** €€ <169> geöffnet tägl. 8–22 Uhr. Mitten in Sai Ri und es gibt vegetarische Biospeisen, vor allem Frühstück, Säfte und Backwaren. Dazu frischen organischen Kaffee. Mit WiFi.

› **Shalimar Restaurant** €€ <170> Tel. 077 456740, geöffnet tägl. 12–24 Uhr. Dieses indische Gartenrestaurant hat eine umfangreiche Speisekarte, Curries und Tandoor-Gerichte. Auch vegetarische Gerichte sind gut vertreten und man kann eine Shisha-Pfeife rauchen.

› **Taste of Home** €€ <171> Sai Ri Hill Road, geöffnet tägl. 12–22 Uhr. Deutsche Hausmannskost, Gulasch, Suppen und gesunde Obstsäfte. Wer kulinarisches Heimweh hat, liegt hier richtig.

Nachtleben

Viele Besucher sind erstaunt, dass inzwischen professionelle DJs in einigen Strandklubs arbeiten – man hört hier alles von Goa-Trance bis zu den neuesten Chill-Out Sounds. Natürlich gibt es in Sai Ri auch noch die klassische Strandbar, wo Bob Marley noch der König ist. Einige Bars bieten auch Live-Musik, meist Rock Coverbands. Die größeren Tauchresorts haben auch alle Bars.

So hoch her wie bei den Full Moon Partys auf Ko Phangan geht es auf Ko Tao allerdings nicht, was ja auch nicht schlecht sein muss. Dennoch werden auf Ko Tao Drogen, vor allem Marihuana, verkauft und die Polizei aus Surat Thani führt in den Klubs und Bars regelmäßig Razzien durch. Man sei gewarnt.

› **Fizz Lounge** €€ <172> geöffnet tägl. 18 Uhr bis spät in die Nacht. Verhältnismäßig ruhig geht es in der Fizz Lounge zu, wo mehr Cocktails als Bier getrunken werden und die Musik dezent im Hintergrund läuft. Gäste genießen perfekte Sonnenuntergänge und lümmeln auf riesigen Kissen am Strand herum. Später am Abend finden sich vor der Bar am Strand ein paar Feuerjongleure ein.

› **Maya Bar** €€ <173> geöffnet tägl. 18 Uhr bis spät in die Nacht. Eine der populärsten Party-Bars in Sai Ri, direkt am Strand, organisiert in der Saison regelmäßig Partys.

58 Haad Sai Nuan und Laem Je Ta Kam ★★★ [ag]

หาดทรายนวล และแหลมเจ๊ะตะกัง

Der Südwestzipfel Ko Taos ist eine der ruhigsten Ecken der Insel und am besten per Boot zu erreichen. Wer die Party sucht, liegt hier falsch. Eine gute Wahl für Familien, denn der Strand ist sehr abgelegen und hat bis auf Resortgäste kaum Besucher.

Unterkünfte

› **Siem Cookies Bungalows** € <174> Tel. 077 456301. Ganz einfache Bungalows im traditionellen Backpackerstil für 400–1500 Baht, direkt am Wasser in der abgelegenen Sai Nuan Bucht. Sehr ruhig und vom Partygeschehen isoliert. Die Schnorchelausrüstung ist im Zimmerpreis inbegriffen.

› **Tao Thong Villa** €€ <175> Tel. 077 456078. Eine recht große Auswahl an einfachen Bungalows mit Ventilatoren, Badezimmer, Moskitonetz, jedoch ohne A.C. Es ist sehr schön, hier zu schnorcheln, aber die ruhige Bucht ist nicht immer leicht zu erreichen, da die Straße sehr steil ist. Eine Bar ist angeschlossen, wer jedoch Partys braucht, wird sich hier nicht wohl fühlen. Etwas weiter südlich den Strand entlang findet sich das Tao Thong 2, das demselben Besitzer gehört und komfortablere Bungalows für 1500 Baht bietet.

Save Ko Tao – die Zukunft von Thailands Tauchparadies

Täglich werden mehr als 3000 Tauchgänge an Ko Taos Korallenriffen durchgeführt. Die winzige Insel im Golf von Thailand zieht im Jahr um die 100.000 Besucher an, mehr als die Hälfte kommen zum Tauchen. Fast 40 Tauchschulen und mehr als 100 Bungalowanlagen reißen sich um die zahllosen jungen Menschen. Das hat sich nun nach zwei Jahrzehnten solider finanzieller Profite negativ auf die Umwelt ausgewirkt. Besonders die Riffe um die Insel sind angeschlagen und die Fischbestände sind in den letzten Jahren dramatisch zurückgegangen.

Seit 2006 gibt es eine Organisation namens „Save Ko Tao", die diese Entwicklung aufhalten, wenn nicht gar rückgängig machen möchte. Chad Scott, der Direktor von Save Ko Tao hat pfiffige Ideen, um die Renaissance der Inselumwelt in die Wege zu leiten: „Save Ko Tao organisiert seit ein paar Jahren monatliche Riffsäuberungen, an denen neun Tauchschulen teilnehmen. 2008 haben 17 Tauchschulen den ersten Biorock der Insel, ein künstliches Riff, in Hin Fai installiert, das in Zukunft zu einem Tauchort werden soll, der andere Ecken der Insel entlasten kann." Aber die Aktion für eine tragbare Zukunft des Eilandes ist nicht bei jedermann populär: „Viele Tauchunternehmer meinen, dass alles schon zu spät ist, dass der Schaden schon getan ist und dass man besser so lange es noch geht so viel Geld wie möglich aus der Insel rausholt und dann irgendwann, wenn die Touristenmassen mal nicht mehr kommen, abhaut". Eine bessere Ausbildung der Tauchlehrer soll diese Einstellungen ändern: „PADI und SSI, die zwei Firmen, die in Ko Tao Tauchlizenzen ausgeben, bieten inzwischen Kurse zur Umwelterhaltung in Bezug auf Korallen und andere Meeresbewohner an. Auch Urlaubstaucher können an diesen Kursen wie an anderen Aktionen von Save Ko Tao teilnehmen."

Auf dem Land gibt es ebenso Probleme. Immer größere Ferienanlagen schießen jedes Jahr aus dem Boden und einige der einheimischen Landbesitzer denken genauso wie viele der ausländischen Investoren der Tauchschulen. Aber auch hier tut sich etwas: Save Ko Tao arbeitet inzwischen mit verschiedenen anderen Umweltorganisationen und lokalen Behörden zusammen, um die Insel und die umliegenden Riffe in Schutzzonen zu unterteilen. „Um der weiteren Ausbeutung der Insel entgegenzuwirken, wurde bereits ein neues Gesetz erlassen, das allerdings erst 2012 in Kraft trat. Seitdem darf nicht mehr höher als 90 m gebaut werden. Leider hat das natürlich einen verrückten Bauboom ausgelöst. Aber es ist ein Schritt in die richtige Richtung."

Ko Tao

Der Norden, Der Osten

Der Norden

59 Ao Muang ★★★ [af]
อ่าวม่วง

Die kleine Mango-Bucht im Norden der Insel hat ein paar sehr schöne Flecken sowie Korallen und ist vom Rest der Insel so gut wie abgeschnitten. Der Strand ist klein und tagsüber kommen hier viele Tauch- und Schnorchelboote her. Die Atmosphäre ist jedoch noch immer sehr schön, und wenn die Tagesausflügler verschwunden sind, ist es absolut ruhig.

Unterkünfte
› Mango Bay Grand Resort €€€ <176> Tel. 077 456948, 077 456097, 087 8936998, www.mangobaykohtao.com. Das am westlichen Ende der Bucht gelegene Resort ist die beste Unterkunft vor Ort und bietet 14 schöne, in den Hang gebaute Bungalows, teilweise mit A.C. Ein Restaurant ist angeschlossen, Kajaks können gemietet werden. Sehenswerte Korallen direkt vor der Ferienanlage.

Save Ko Taos neueste Aktion ist das Aufstellen von Müllkörben an den Stränden. Gemeinsam mit ein paar Freiwilligen zieht Chad von Tauchgeschäft zu Tauchgeschäft, vergräbt einen hölzernen Ständer im Sand und hängt einen Korb daran. Hier und da lachen einige über die Aktion, dennoch sind die Körbe ein paar Tage später voll und die Strände in Mae Haad und Sai Ri sauberer.

Alle Besucher Ko Taos sind eingeladen, mitzuhelfen, ob beim Reef-Cleaning, bei Biorockinstallationen oder auch beim Feiern – während des ersten Ko Tao Festivals im März 2010 wurden 200 junge Schildkröten an den Stränden der Insel ausgesetzt, denn im Jahr zuvor waren zum ersten Mal seit 20 Jahren vier Meeresschildkröten an ihre traditionellen Brutplätze zurückgekehrt und hatten Eier gelegt. Für Ko Tao – die Turtle Island – scheint dies ein gutes Zeichen zu sein.
› *Weitere Infos unter www.ecokohtao.com und www.marineconservationkohtao.com*

Der Osten

60 Ao Hin Wong und Laem Thian ★★★ [bf]
อ่าวหินวง และแหลมเทียน

Nicht schlecht zum Schnorcheln und sehr ruhig sind diese beiden abgeschiedenen Ecken an der Nordostküste Ko Taos. Hierhin zu kommen ist nicht einfach und zu den Partystränden ist es weit. Laem Thian hat keinen richtigen Strand, der Dschungel reicht bis fast ans Wasser. Es ist jedoch möglich, von einer Reihe Felsen in den Golf von Thailand zu springen. Vorsicht: In Hin Wong kann es gelegentlich **starke Strömungen** geben.

Der Osten

Unterkünfte

› **Hin Wong Bungalows** €€ <177> Tel. 077 456006. Nette, abgeschiedene Holzbungalows, keine schlechte, günstige Wahl. Vor den Bungalows gibt es allerdings keinen Strand, sondern Felsen. Dennoch ist es hier gut zum Schnorcheln.

› **View Rock Resort** € <178> Tel. 077 456548, www.shopart.com/thailand/viewrockresort.html. Einfache Holzbungalows (auch eine größere Hütte für Familien) an einem steilen Hang, der direkt bis an den Wasserrand herabreicht. Einen Strand gibt es nicht, dafür attraktive Felsen. Ein Tauchgeschäft ist angeschlossen. Ruhig, idyllisch, abgelegen. Das Restaurant bietet thailändische und internationale Gerichte. Kajaks können gemietet werden und ab und zu werden Angeltrips organisiert. Bungalows 400–1200 Baht.

△ *Ao Tanot*

61 Ao Tanot ★★ [bg]
อ่าวตะโหนด

Die Tanote-Bucht, an der Ostküste Ko Taos gelegen, hat **mit die schönsten Korallenriffe der Insel** sowie ein paar einheimische Riffhaie zu bieten. In der Bucht liegt in 15 Meter Tiefe das Wrack eines Katamarans, um das oft ein großer Rochen schwimmt. Die Straße von Mae Haad ist nicht die beste und vor allem in der Regenzeit mit einem Motorrad fast unpassierbar. Am besten lässt man sich in Mae Haad abholen.

Unterkünfte

› **Montalay Beach Resort** €€€€ <179> Tel. 077 456488, www.montalayresort-kohtao.com. Sehr gute, teilweise neue Bungalows in diversen Preisklassen mit und ohne A.C. und ein kleiner, kompetenter Tauchbetrieb. Auch größere Bungalows für Familien können gemietet werden. Tagsüber gibt es Internetzugang und WiFi. Gäste, die einen Tauch-

Ko Tao 83
Der Osten

EXTRATIPP

Ao Luek
อาวลึก

Die **Luek-Bucht**, von steilen Felsen umgeben, hat mit die besten Korallengärten um Ko Tao zu bieten. Hier werden regelmäßig kleine Riffhaie, Barrakudas, Rochen und Tintenfische gesichtet. Da die Bucht das Ziel zahlreicher Taucher ist und einen Sandboden hat, finden hier viele Tauchtrainingskurse statt und an manchen Tagen liegen bis zu 20 Tauchboote im Wasser. Das vorgelagerte Shark Island ist ebenfalls ein Tauchgebiet. Haie lassen sich hier allerdings nur selten sehen. Abends ist es sehr ruhig und der Strand mit seinem weißen, körnigen Sand ist wunderschön.

Achtung: Ao Luek ist anscheinend ein Privatstrand und die Familie, der die Hauptresorts gehören, reagiert gelegentlich aggressiv auf Besucher, die Essen und Getränke mitbringen. Wem das nicht passt, sollte den Tag besser in Sai Daeng, der nächsten Bucht südlich, verbringen.

Unterkünfte

› **Aow Leuk 2** €€€ <182> Tel. Tel. 077 456779, www.aowleuk2.com. Sechs Bungalows im Süden der Bucht oberhalb großer Felsen. Fünf der Bungalows sind sehr schön, im einfachen Boutique-Stil ausgestattet, der sechste ist eine einfache Holzhütte. Alle Bungalows bieten Verandas mit Hängematten und tollem Blick. Ein Restaurant ist angeschlossen.

› **Nice Moon Bungalows** €€ <183> Tel. Tel. 077 456737. Einfache Hütten in einem kleinen Dschungel an einem Hang gelegen und mit die beste Unterkunft in Ao Luek.

kurs absolvieren, zahlen die Hälfte für die Unterkunft. Das Restaurant serviert sowohl internationale als auch thailändische Gerichte.

› **Mountain Reef Resort** €€€ <180> Tel. 077 456699, 081 9562916. Ordentliche und einfache Bungalows ohne A.C. Die Hütten am Strand sind besser und neuer als die einfacheren am Hang. Das Restaurant serviert thailändische und europäische Standards.

› **Poseidon** €€ <181> Tel. 077 456735, http://poseidontao.atspace.com. Ganz einfache Bungalows im alten Bambushüttenstil, inzwischen fast eine Rarität auf Ko Tao, sowie ein paar neuere, nicht unattraktive Steinhütten in einer Gartenanlage direkt am Strand. Dieses kleine Resort verleiht auch Schnorchelausrüstung und Kajaks (100 Baht die Stunde).

62 Haad Sai Daeng ★★★ [bg]
หาดทรายแดง

Sai Daeng ist ein winziger, idyllischer Strand mit nur zwei ordentlichen Bungalowunternehmen, dem eine kleine Insel, das Shark Island, vorliegt. Da die gesamte Bucht mit Korallen bedeckt ist, die meisten allerdings leider tot, ist Haad Sai Daeng zum Schwimmen nicht sonderlich geeignet. Wer allerdings gerne mit Riffhaien schnorchelt, kommt hier auf seine Kosten. Intakte Korallen befinden sich am Nordende der Bucht. Haad Sai Daeng ist am besten per Boot oder Pick-up zu erreichen.

Wer komfortable Urlaubsruhe weitab von Partys sucht, ist hier richtig.

Unterkünfte

› **Coral View Resort** € <184> Tel. 077 456058, Fax 077 456482, www.coralview.net. Urige Bungalows an einem sehr schön angelegten Hang, ohne A.C. ab 400 Baht. Ein paar solide Steinbunga-

Ko Tao
Der Osten

lows mit A.C. und Balkon sind ebenfalls zu haben. Auch einige größere Familienzimmer in einem neuen Bau direkt am Strand können gemietet werden. Angeboten werden Tauchkurse, Schnorcheltouren und Angelausflüge. Auch Kajaks kann man hier mieten.

> **New Heaven Huts** €€€ <185> Tel. 077 457042, 087 9331329, www.new heavenkohtao.com. Direkt neben Coral View gibt es recht schöne Bungalows am Strand und auf einer bewaldeten Kuppe. Ein Restaurant mit gutem Ambiente ist angeschlossen und serviert thailändische und europäische Gerichte. Dieses Bungalowunternehmen ist mit dem sehr guten New Heaven Café in Sai Ri sowie dem New Heaven Dive Shop in Chalok Ban Kao, der sich für diverse Aktionen für die Umwelt in Ko Tao einsetzt, verbunden. Empfehlenswert.

△ *Eine ruhige Ecke von Ko Tao*

63 Ao Thien Ok ★★★ [ag]
อ่าวเทียนออน

Die Bucht Thien Ok, auch Shark Bucht genannt, ist eine breite, wunderschöne Bucht mit relativ wenig Touristenwirbel. Vorgelagert liegt Shark Island. Beim Schnorcheln sieht man eventuell kleine Riffhaie und Schildkröten.

Unterkünfte

> **Jamahkiri Resort & Spa** €€€€€ <186> Tel. 077 456400, www.jamahkiri.com. Das erste Boutique-Hotel Ko Taos! Die großen Bungalows haben allesamt einen tollen Blick, A.C., TV und eine geschmackvolle Einrichtung. Ein Tauchzentrum, ein Swimmingpool und das Benjarong Restaurant, das gute thailändische Küche serviert, sind angeschlossen. Eine dreistündige Behandlung im Spa kostet etwa 2000 Baht.

> **New Heaven Restaurant & Resort** €€€€ <187> Tel. 077 456462, www.new heavenkohtao.com. Sehr schöne, recht neue Bungalows mit einfachem, aber modernem Ambiente. Bungalows mit A.C. ab 2500 Baht. Auch das Tauchgeschäft gleichen Namens in Chalok Ban

Kao ist empfehlenswert, nicht zuletzt weil der Besitzer sich für den Schutz der Korallenriffe um Ko Tao engagiert.

64 Ao Chalok Ban Kao ★★ [ag]
อ่าวโฉลกบ้านเก่า

Die Bucht Ao Chalok Ban Kao, ein schöner Strand mit vorgelagerten Korallen, ganz im Süden der Insel, ist inzwischen zum dritten Zentrum der Insel geworden. Neben zahlreichen Tauchunternehmen und Unterkunftsmöglichkeiten gibt es hier auch ein paar nette Bars.

Unterkünfte

› **Buddha View Dive Resort** €€ <188> Tel. 077 456074, www.buddhaview-diving. com. Bungalows und Zimmer in allen Preisklassen. Ab 200 Baht die Nacht für eine einfache Hütte für Gäste, die einen Tauchkurs belegen. Die Tauchschule ist eine der größten auf Ko Tao und besonders unter jüngeren Besuchern beliebt.

› **Sunshine Divers** € <189> Tel. 077 456597, www.sunshine-diveresort.com. Die Sunshine Divers, nicht zu verwechseln mit dem Sunshine Resort, bieten eine große Auswahl an Unterkünften, von einfachen Bungalows ab 500 Baht zu A.C.-Hütten ab 1200 Baht. Das angeschlossene Tauchgeschäft ist freundlich und empfehlenswert.

› **Viewpoint Bungalow** € <190> Tel. 077 456444, www.kohtaoviewpoint.com. Einfache Bungalows ab 200 Baht, daneben teurere und sehr behagliche Bungalows, teilweise mit A.C. Eine gute Wahl, obwohl die Angestellten etwas muffelig sind und man zum Strand 100 m laufen muss.

Essen und Trinken

› **Koppee Bakery & Internet Café** €€ <191> geöffnet tägl. 8–21 Uhr. Frischer Kaffee,

Kuchen, Crêpes, Kräutertee und gesunde Frucht-Shakes. Mit WiFi.

› **Taraporn Restaurant** €€ <192>. Direkt am Wasser mit tollem Blick über die Bucht. Vor allem Vegetarier kommen auf ihre Kosten. Auf der Speisekarte stehen sehr gute Tofu-Curries und natürlich auch Seafood vor allem gegrillt.

Nachtleben

› **The Castle** <193> an der Straße zwischen Mae Haad und Chalok Ban Kao, Tel. 087 1015074, www.thecastle kohtao.com, geöffnet tägl. 18 Uhr bis spät in die Nacht. Mit der größte Nachtklub der Insel, organisiert regelmäßig Partys mit internationalen DJs (Eintritt 100 Baht, inkl. ein kostenfreies Getränk).

Ko Nang Yuan
เกาะนางยวน

Im Nordwesten vorgelagert liegen drei weitere kleine Eilande namens Ko Nang Yuan, die „Inseln der vietnamesischen Prinzessin". Sie sind bei Ebbe durch Sandbänke miteinander verbunden und die umgebenden Gewässer bieten ausgezeichnete Tauch- und Schnorchelmöglichkeiten. Die Insel ist wunderschön, manchem mag sie aufgrund der vielen Ausflügler, die täglich für ein paar Stunden von Ko Samui anreisen, jedoch schon zu touristisch sein. Touristen müssen Eintritt zahlen: Ausländer 100 Baht, Thais 30 Baht.

Ab Ban Mae Haad besteht meist einmal täglich eine Bootsverbindung nach Ko Nang Yuan, Kostenpunkt 50 Baht, Abfahrt 11.30, 15, 17 Uhr. Gecharterte Boote dürfen ca. 400 Baht für die einfache Fahrt kosten.

Ko Tao
Praktische Reisetipps

Praktische Reisetipps

Transport auf der Insel

Kürzere Fahrten mit **Pick-ups** oder **Motorradtaxis** kosten etwa 40 bis 50 Baht/Pers., längere 60 bis 100 Baht. Strände, die sich weit entfernt von Mae Haad befinden, werden von Taxi Pick-ups für 300 bis 400 Baht angesteuert, egal mit wie vielen Passagieren. Wer einen Pick-up allein anmietet, sollte unbedingt handeln.

Motorräder gibt es für 150 bis 250 Baht/Tag zu mieten, **Fahrräder** (Mountainbikes) um die 50 bis 80 Baht/Tag, vor allem am Mae Haad. Die Motorräder unbedingt zuvor auf eventuell vorhandene Schäden überprüfen! Zu empfehlen ist der von einem Deutschen geführte Bike-Verleih Lederhosenbikes, Tel. 081 7528994, www.kohtaomotorbikes.com, in Mae Haad. Hier ist es möglich, neben kleinen Mopeds auch 250 ccm Dirtbikes ab 350 Baht sowie ATVs ab 500 Baht pro Tag zu mieten.

Helmpflicht gibt es auf Ko Tao bisher noch nicht und dementsprechend verunglücken jedes Jahr einige Touristen auf den vielbefahrenen und teils sehr steilen Straßen der Insel.

Eine interessante Reisemethode ist die zu Wasser, dazu lassen sich **Langschwanzboote** anheuern. So kann man Korallenriffe allein ansteuern und ist nicht auf eine Tour angewiesen. Pro Tag mindestens 1500 Baht. Unbedingt handeln!

Hier können Langschwanzboote angemietet werden

Die Inseln erleben

Feste und Folklore

Thai-Feiertage sind oft übermütige Angelegenheiten, bei denen die Thais ihren Sinn für Humor und Spaß so richtig entfalten können. Selbst religiöse Feiertage fallen weit weniger ernst aus als bei uns. Viele der Feiertage richten sich nach dem **Mondkalender** und liegen somit von Jahr zu Jahr auf einem anderen Datum, andere sind unbeweglich. Für den Reisenden ist wichtig: Die Banken sind an diesen Tagen geschlossen.

Fällt ein Feiertag auf einen Samstag oder einen Sonntag, so ist der erste Wochentag danach normalerweise arbeitsfrei!

Kulinarische Entdeckungen

Essen

Die Basis einer Thai-Mahlzeit ist **Reis** (khao). Dieser kann auf herkömmliche Weise gekocht oder gebraten oder aber als Reismehl zu Nudeln (kuay tio) verarbeitet sein. Eine Spezialität des Nordostens (auch auf den Inseln erhältlich) ist der „klebrige Reis" (khao niu; engl. sticky rice), Klumpen von glutenhaltigem gekochtem Reis, der entweder mit gebratenem Hühnchen oder als Nachtisch mit frischen Mangos bzw. Durian gegessen wird. Es gibt auch eine blaurote Variante, die heißt dann khao niu däng – „klebriger roter Reis". In vegetarischen Thai-Restaurants, derer

◁ *Vorseite: Suksodan reitet das Drachenpferd aus der Geschichte von Abhayamani aus dem 18. Jh.*

Feiertage

Januar

❭ *Der 1. Januar ist als **Neujahrstag** offizieller Feiertag. Die Feiern fallen weniger lärmend aus als bei uns, da dies halt der westliche Neujahrstag ist, das Thai-Neujahr („Songkran") aber am 13. April beginnt. Trotzdem rufen viele Thais den Reisenden ein herzliches „sawatdi pimai!" zu: frohes neues Jahr!*

Februar

❭ *Am Vollmondtag wird **Makha Puja** gefeiert, ein buddhistischer Feiertag, der an den Tag vor 2500 Jahren erinnert, an dem sich 1250 Jünger versammelt hatten, um Buddhas Rede zu hören. Abends werden Kerzenprozessionen geführt.*

April

❭ *Am 6. wird der **Chakri Day** begangen, der an die Gründung der bis heute fortdauernden Chakri-Dynastie (König Bhumipol) erinnert.*

❭ *Der 13. April ist **Songkran**, der Beginn des neuen Jahres im Thai-Kalender. Zu dieser Gelegenheit bespritzen sich die Thais mit gefärbtem Wasser und bunten Farbpulvern und haben wohl mehr „sanuk" (Spaß) als an irgendeinem anderen Feiertag. Ausländer sind beliebte Zielscheiben für die gut gemeinten Spritzattacken aus Farbbeuteln und Wasserpistolen. Leider wird das Fest Jahr für Jahr rowdyhafter, und wer den Tag bzw. die Tage (s. u.) unbehelligt überstehen will, sollte weitgehend im Hotelzimmer bleiben. Bis zu 700 Verkehrstote gibt es während der drei Feiertage. Auch auf den Inseln geht es* einige Tage hoch her und an den beliebten Stränden wie Chaweng auf Ko Samui, Hat Rin auf Ko Phangan und Sai Ri auf Ko Tao wird heftig gefeiert und gespritzt. Verglichen mit den Feierlichkeiten auf dem Festland ist es allerdings relativ ruhig auf den Golfinseln.

Mai

> An einem Tag, der von Brahmanen-Priestern, die für alle königlichen Zeremonien zuständig sind, bestimmt wird, feiert man den **Beginn der Pflanzsaison**. Bei der „Zeremonie des Pflügens" (Thai: „räk nakwan") werden geheiligte Ochsen zu einer rituellen Pflügezeremonie herangeholt und geheiligte Körner gepflanzt. Die Brahmanen geben dazu Prophezeiungen ob der zu erwartenden Ernte ab.

> Der 1. Mai ist der uns bekannte **Tag der Arbeit.**

> Der 5. Mai ist der **Tag der Krönung** („coronation day") zur Erinnerung an die Krönung des gegenwärtigen Königs.

> **Visakha Puja,** der auf den Vollmondtag fällt, ist der wichtigste Feiertag der Buddhisten, an dem Buddhas Geburt, Erleuchtung und Todestag gefeiert werden. Abends finden Kerzenprozessionen statt.

Juli

> Am Vollmondtag wird **Asanha Puja** gefeiert, der Jahrestag, an dem Buddha die erste Predigt vor seinen ersten fünf Schülern gehalten hat. Dieser Tag ist der Beginn der buddhistischen Fastenperiode („khao phansa") und somit auch der Beginn einer dreimonatigen Meditationszeit für die Mönche.

August

> Am 12. August wird der **Geburtstag der Königin Sirikit** gefeiert, der auch als „**Muttertag**" (wan mä) gilt. Die Gebäude tragen Lichterketten und Porträts der Königin.

Oktober

> In diesem Monat wird **Ok Phansa** gefeiert, die Erinnerung an Buddhas Rückkehr aus dem Himmel, nachdem er dort eine Fastenperiode lang gepredigt hatte. Ok Phansa markiert das Ende der Fastenperiode und den Beginn von Krathin, der traditionellen Zeit, in der Mönche von den Gläubigen neue Roben oder andere Geschenke bekommen.

> Der 23. Oktober ist der **Chulalongkorn Day,** der Todestag des Königs Chulalongkorn (Rama V.).

> In der Vollmondnacht wird Mae Khongkha gehuldigt, der Göttin der Flüsse und des Wassers. **Loy Krathong** ist das wohl malerischste aller Thai-Feste: Die Thais versammeln sich an Flüssen, Seen und Teichen und lassen kleine lotusförmige Gestecke aus Blumen und Blättern schwimmen. Auf diesen Gestecken („krathong") befinden sich eine Kerze, Weihrauch und eine Münze – Opfergaben für die Göttin.

Dezember

> Am 5. Dezember wird der **Geburtstag von König Bhumipol Adulyadej (Rama IX.)** begangen. Der Tag gilt auch als „**Vatertag**". Straßen sind mit Lichtern, Flaggen und dem Porträt des Königs geschmückt.

> Der 10. Dezember ist der **Tag der Konstitution,** ein allgemeiner Feiertag, ebenso wie der **31. Dezember,** der letzte Tag des Jahres.

Die Inseln erleben
Kulinarische Entdeckungen

es allerdings sehr wenige gibt, wird Vollkornreis gereicht (*khao däng* oder *khao dam*). Gebratener Reis mit Gemüse *(khao phat)* ist das Standardgericht vieler Traveller, da es überall erhältlich und äußerst billig ist, besonders an den Straßenständen.

Zudem gibt es eine **Vielzahl von Gemüsearten**, diese werden nur leicht angekocht, niemals zerkocht. Meistens wird eine kleine Schale mit rohem Gemüse zum Essen gereicht, z. B. grüne Bohnen, Salatblätter und Gurkenstücke.

Alle Thai-Gerichte werden durch eine Menge an **Kräutern, Blättern und Gewürzen** verfeinert, sodass eine Vielzahl von Aromen den Gaumen kitzeln. Übliche Würzhilfen sind Ingwer, schwarzer Pfeffer, roter Chili, Tamarinde, Zitronengras, Koriander, Shrimp-Paste und eine scharfe Fischsauce. Zu jeder Mahlzeit wird zudem ein ganzes Arsenal an Extragewürzen auf den Tisch gestellt. Dabei fehlt aber oft Salz, das durch die scharfe und salzige Fischsauce *(naam plaa)* ersetzt wird. Thai-Speisen, man sei gewarnt, können **extrem scharf** sein! Einige Gerichte werden durch die Zugabe von Kokosmilch etwas abgemildert.

Eine thailändische **Suppenspezialität** ist die *tom yam*, ein sauerscharfes Kunstwerk, das den Schweiß auf die Stirn treibt. Aber köstlich!

Zu alldem essen die Thais **Fleisch und Fisch** – und was für Mengen! Es gibt Huhn, Schwein, Ente, Rind, geröstete Heuschrecken (20 Baht/Tüte) und natürlich jede Art von Meeresgetier. In Touristenzentren auf den Inseln wird abends am Strand gegrillt – Barrakuda- oder Haisteaks sind meist auf der Speisekarte. Die Thais lieben gegrillten Tintenfisch und Krabben, die es auch in kleinen einheimischen Restaurants oder am Straßenrand gibt.

◻ *Tintenfischsuppe*

Lecker vegetarisch

Vegetarier gibt es in Thailand so gut wie nicht. Die Thais lieben Fisch und Fleisch und selbst in Salaten findet sich normalerweise entweder das eine oder andere. Vegetarier kommen eher auf den Märkten der Inseln auf ihre Kosten, wo es jede Menge Obst und Gemüse gibt. Auf dem Nachtmarkt in Thong Sala auf Ko Phangan wird speziell für Rucksacktouristen gekocht und es ist möglich, vegetarische Versionen von thailändischen Standardgerichten wie Pad Thai zu bekommen. Auch die Restaurants auf Ko Tao bieten vegetarische Variationen lokaler Speisen. Die besseren Restaurants Ko Samuis servieren ordentliche Salate im westlichen Stil. Ansonsten sind Besucher vor allem auf die indischen Restaurants der Inseln angewiesen, die allesamt eine breite Palette an vegetarischen Gerichten bieten.

Die Inseln erleben
Kulinarische Entdeckungen

Getränke

Der **Whisky** ist unter dem Namen *Mekhong* weithin bekannt. Dieses beliebte Getränk hat einen Alkoholgehalt von 20 % und ist – im Gegensatz zu seinem schottischen Namensvetter – selten älter als 10 Tage. Außer *Mekhong* gibt es noch eine Reihe billigerer Thai-Whiskys, die nicht unbedingt empfohlen werden können. Ebenfalls populär ist der sehr preiswerte **Rum** *Sangsom*.

Alkoholische Getränke sind überall frei erhältlich, wenn auch nicht immer so billig. Die bekanntesten **Biermarken** sind *Singha und Chang*. Der Preis einer kleinen Flasche (1/3 Liter) in den Bars auf Ko Samui liegt derzeit bei etwa 80 bis 100 Baht, in einigen Nobel-Etablissements sogar bei 180 Baht. Im Zuge des ökonomischen Niedergangs Thailands kam 1998 ein neues Billig-Bier auf den Markt, *Leo*, das nur etwa halb so teuer ist wie die anderen Marken und auch nicht schlechter als die anderen Biermarken. Importiertes Bier gibt es inzwischen auch fast in jeder Kneipe. Grundsätzlich sind importierte Alkoholika aufgrund der hohen Steuern sehr teuer. So kostet Wein z. B. dreimal so viel wie in Europa. Alle größeren Kaufhäuser haben Spirituosenabteilungen mit Wein (vor allem Weine aus Frankreich, Kalifornien und Australien), Whisky und anderen importierten Alkoholika, dazu einheimische Erzeugnisse. Der **thailändische Wein** ist nicht großartig und auch nicht billig, aber zwecks Erfahrung kann man ja mal probieren. In Supermärkten und Geschäften darf Alkohol nach 14 und vor 17 Uhr und wiederum nach Mitternacht nicht verkauft werden.

Auf der **mehr oder weniger gesunden Seite** des Getränkeangebots gibt

---

EXTRAINFO

Der weiße Schnaps

Lao Khao nennen die Thais den aus Klebreis gebrannten Alkohol, den weißen Schaps, den man, von der thailändischen Regierung legalisiert, zu 35 Vol-% und 40 Vol-% kaufen kann. Für ein paar Baht gibt es die schwarzgebrannte Version in vielen kleinen Läden Thailands zudem illegal zu kaufen. Der illegalen Version werden auch oft Zuckerpalme, Zuckerrohr und diverse Kräuter zugesteuert und der Alkoholgehalt kann bei bis zu 95 Vol.-% liegen. Arbeiter und Bauern können sich meist keinen anderen Alkohol leisten, gelegentlich sieht man Kinder, die eine gefüllte Plastiktüte am Fahrradlenker festbinden, um das harte Getränk zu ihren Eltern zu fahren. Besucher sollten der Versuchung widerstehen, da es bei hohem Konsum zu völligem Verdächtnisverlust kommen kann, mit ungewollten Konsequenzen.

---

es Milch (pasteurisiert und relativ teuer), Sojamilch, Kaffee (Marke Instant), Tee (außer in indischen Restaurants meist Beuteltee der Marke *Lipton),* Soda, Trinkwasser, Cola, Fanta und Milkshakes.

Nicht unbedingt zu empfehlen sind die kleinen Fläschchen mit **Muntermachern** (*Lipovitan D, M 100, M 150* u. a.), die in den Kühlschränken der Lebensmittelhändler gleich neben der Milch stehen. Diese enthalten zwar auch ein paar Vitamine, die Hauptwirkstoffe sind jedoch Koffein und ein Kodein-Derivat. Ein ähnliches Produkt, hierzulande *Red Bull* genannt, ist in Thailand unter dem Namen *Kratin Daeng* erhältlich, was ebenfalls „Roter Bulle" bedeutet.

Die Inseln erleben
Kulinarische Entdeckungen

Im Restaurant

Die Thais essen mit **Löffel und Gabel**, wobei mit der Gabel das Essen auf den Löffel geschoben wird. Nudeln werden mit **Stäbchen** gegessen. **Kellner** sollten sehr dezent herbeigerufen werden, am besten durch eine leichte Ziehbewegung der Hand. Lautes Rufen, Schnalzen oder Pfeifen gilt als unhöflich!

Neben einer Vielzahl von preiswerten Restaurants gibt es die **Straßenstände**, an denen man für ein paar Baht essen kann. Diese haben allerdings keine Speisekarte, man sollte sich die verschiedenen Speisen einfach zeigen lassen und dann auf die gewünschte deuten.

In den einfachen **Restaurants** ist die Speisekarte meist nur auf Thai, aber auch hier kann man zeigen,

◠ *Ein mobiler Strandverkäufer bietet gegrilltes Hühnchen, Würstchen und Papayasalat am Strand Chaweng, Ko Samui, an*

was man möchte. Die Speisekarten in den besseren (und teureren!) Restaurants sind normalerweise zweisprachig oder jemand vom Personal spricht Englisch.

Die sicherste Methode, **gute von schlechten Restaurants zu unterscheiden**, besteht darin, auf das Urteil der Einheimischen zu hören. In Touristengegenden auf Ko Samui gibt es sehr viele mittelprächtige Restaurants, weil die Betreiber genug Laufkundschaft haben und gar keine Stammgäste benötigen. Der Service kann in diesen Gegenden sehr unprofessionell sein. Da wo Thais oder Expats essen, ist man in der Regel besser bedient. In den touristischen Zentren der Inseln sind Restaurants, die thailändische Küche bieten, in der Minderheit. Vor allem italienische, indische und mexikanische sowie westliches Fastfood hat an Orten wie Chaweng die Oberhand. Ein paar deutsche Essmöglichkeiten finden sich auch immer.

Obwohl die meisten Thais hoffnungslose Fleischliebhaber sind, essen sie doch gelegentlich (besonders an buddhistischen Feiertagen) gerne **vegetarisch**. Ein *raan ahaan mangsawirat* ist ein vegetarisches Restaurant. Auf den Golfinseln sind derartige Restaurants allerdings rar.

Lokale mit guter Aussicht
Ko Samui:

› **The Cliff** (s. S. 43) zwischen Chaweng und Lamai bietet gehobene mediterrane Küche und einen Wahnsinnsblick über die Ostküste der Insel.
› Das **Uncle Rang Restaurant** (s. S. 46) im Norden von Lamai, Teil des Samui Tonggad Resorts, bietet gleich zwei gute Aussichten. Gästen haben die Wahl, entweder direkt am Wasserrand mit tollen Blicken der Bucht entlang oder an einem

Die Inseln erleben

Kulinarische Entdeckungen

Die wichtigsten Speisen und Getränke

kaeng phet gai	scharfes Hühnercurry
kaeng som	Fisch- und Gemüsecurry
kaeng nüa	Rindfleischcurry
kaeng phanaeng	mildes Hühner- oder Rindfleischcurry
khao phat	gebratener Reis mit Gemüse
khao phat mu	gebratener Reis mit Schweinefleisch
khao phat gai	gebratener Reis mit Huhn
kuay tio naam	Reissuppe mit Gemüse und Fleisch
phat thai	Reisnudeln mit Gemüse gebraten
phat siyu	gebratene dünne Nudeln mit Sojasauce
bami naam	Weizennudeln in Brühe mit Gemüse und Fleisch
plaa prior waan	süß-saurer Fisch
kung tort	gebratene Garnelen
plaa phao	gegrillter Fisch
puu nüng	gedämpfte Krabben
por pia	Frühlingsrolle
gai yang	geröstetes Huhn
som tam	Papaya-Salat
gai phat khing	gebratenes Huhn mit Ingwer
naam yaa	Nudeln mit Fischcurry
gai sap tua ngork	Huhn mit Sojasprossen
khai tom	gekochtes Ei
khai dao	Spiegelei
khai jior	Omelette
naam plao	Wasser
naam soda	Sodawasser
naam Chaa	Tee
gafää	Kaffee
tschaa dam	schwarzer Tee
gafää dam	schwarzer Kaffee
tschaa djin	chinesischer Tee
tschaa yen	Eistee
naam däng	Limonade
naam som	Orangenlimonade
naam maphrao	Kokoswasser
nomm	Milch
bia	Bier

Hügel mit Blicken über das Resort und über Lamai zu speisen. Dazu südthailändische Spezialitäten und italienische Gerichte.

❯ Das **Five Islands Restaurant** (s. S. 29) in Taling Ngam bietet nicht nur solide thailändische und europäische Küche, vor allem mit Fisch und Meeresfrüchten

Shopping

zubereitet, sondern auch einen atemberaubenden Sonnenuntergang mit den fünf kleinen, dem Strand vorgelagerten Inseln als Hintergrund.

Ko Phangan:

> Die **Amsterdam Bar** (s. S. 56) in der Ao Wok Tam hat mit die besten Blicke an der Westküste Phangans. An einem Hügel hoch über dem Strand werden thailändische Küche sowie Bier und Cocktails geboten.

> Die **Eagle Bar** (s. S. 59) im Süden von Hat Yao hat gute Pizzas, Cocktails und wunderbare Sonnenuntergänge zu bieten, sie liegt direkt am Strand.

> Eine der besten Aussichten auf Ko Phangan ergibt sich vom **Phangan Utopia Resort** (s. S. 59) zwischen Mae Hat und Chalok Lam hoch auf einem Hügel. Das dem Resort angeschlossene Restaurant hat eine Terrasse mit grandiosen Blicken über die Nordküste der Insel.

Ko Tao:

> Das **Mae Haad Seafood** (s. S. 76) findet sich in einer kleinen Gasse, die zum Lomprayah Pier führt. Die Küche ist auf Traveller zugeschnitten und nicht ganz authentisch, aber die Blicke von der Holzterrasse des Restaurants über die Mae Haad Bucht sind abends sehr schön. Eine Reihe sehr ähnlicher Restaurants reihen sich hier aneinander.

Shopping

Aufgrund der allgemein guten Qualität der Waren ist Thailand das Paradebeispiel eines Einkaufslandes. Bangkok ist, wie nicht anders zu erwarten, der beste Ort zum Shoppen. Die Inseln sind **keine wirklichen Einkaufsparadiese.**

Im Gegensatz zu den Märkten und kleineren Geschäften wird in den Department Stores nicht gefeilscht; häufig gibt es aus irgendeinem Grund automatisch einen Nachlass von 10 % oder mehr auf die betreffende Ware. Anstatt zu handeln, sollte man in den Kaufhäusern diskret anfragen, ob gerade irgendein Discount gegeben wird!

Nachtmärkte in Chaweng und Lamai auf Ko Samui bieten vielfältige Souvenirs, die aus Bangkok angeliefert werden. Buddhafiguren aus Holz oder Stein sind ebenfalls populär – man achte hier allerdings auf die **Ausfuhrbeschränkungen.**

Ansonsten scheint es alle paar Meter einen Laden zu geben, der Raubkopien der neuesten Hollywoodfilme anbietet, dazu auch Computersoftware und Videospiele.

Auf Ko Tao in Mae Haad gibt es eine große Auswahl an Geschäften, die Tauchzubehör verkaufen.

Textilien

Die in Thailand verkaufte Kleidung ist von sehr guter Qualität, modisch auf dem neuesten Stand und zudem günstig. Gute Baumwollhosen gibt es schon ab 200 Baht, Hemden ab 150 und T-Shirts ab 100 Baht. Ebenso lassen sich Stoffe kaufen, aus denen man sich dann das gewünschte Kleidungsstück nähen (lassen) kann. Ein Herrenanzug bester Qualität kostet bei besseren Schneidern 2000 Baht – Material und Arbeitslohn inklusive! Viele **Schneider** bieten einen 24-Stunden-Service, es ist aber immer besser, ihnen etwas mehr Zeit zu lassen. Auf Ko Samui, besonders in Chaweng und Lamai, finden sich zahlreiche Schneiderläden. Die Läden gehören fast ausnahmslos Indern, die Schneider aber sind Thais oder Burmesen. Bei den niedrigen Preisen

Die Inseln erleben
Shopping

sollten keine Wunder erwartet werden; mit Anzügen aus Europa können die meisten Thai-Produkte nicht mithalten.

Empfehlenswert ist die bekannte **Thai-Seide**. Diese wird im Nordosten hergestellt, ist aber problemlos auf Ko Samui erhältlich.

Preiswerte und modische **Strandkleidung** und sonstiges Strandzubehör gibt es auf allen drei Inseln. Dazu T-Shirts und jede Menge günstiger Baumwollkleidung unterschiedlicher Qualität.

Edelsteine und Schmuck

Thailand ist einer der größten Edelsteinexporteure der Welt, der Export dieser Waren bringt jährlich etwa 1 Mrd. Euro ein. Am begehrtesten sind **thailändische Rubine und Saphire**. Es lohnt sich also durchaus, in den Geschäften auf Schmuck- oder Edelsteinsuche zu gehen. Kaufen sollte man nur bei bekannten Juwelieren und wenn man genügend eigene Sachkenntnis hat, um die Ware beurteilen zu können. Ohne dem sind die Käufe oft ein Glücksspiel. **Gold** ist etwas billiger als bei uns, aber vom Kauf größerer Mengen ist abzuraten, da der deutsche Zoll Schwierigkeiten bereiten wird.

Absolut zu **warnen** ist vor Läden, zu denen Touristen von Tuk-Tuk- oder Taxifahrern gebracht werden. Hier wird man mit Sicherheit übervorteilt, wenn nicht gar nach Strich und Faden ausgenommen.

Antiquitäten

Echte Antiquitäten dürfen nur mit **Sondergenehmigung** ausgeführt werden (siehe dazu auch „Ausfuhrbestimmungen")! Wie bei den Edelsteinen sollte auch hier eine gewisse Sachkenntnis gegeben sein. In Chaweng gibt es ein paar Läden, die angebliche Antiquitäten verkaufen.

Touristen besuchen den Big Buddha auf Ko Samui

Imitate

Thailand ist ein **Fälscherparadies.** Obwohl aus dem Ausland häufig Druck gemacht wird, dem Zinkerge- werbe den Garaus zu machen, und trotz der ein oder anderen Razzia geht die Fälscherei immer noch fröh- lich weiter. Imitiert werden vor al- lem Markenuhren, Lederwaren, Klei- dungsstücke, CDs, VCDs, DVDs und Computersoftware.

Ausfuhrbeschränkungen

Die Ausfuhr von **Antiquitäten** und **Buddhastatuen** ist strengstens un- tersagt. Lediglich Buddhafiguren von Amulettgröße, die also am Körper ge- tragen werden, dürfen außer Landes gebracht werden. Diese Regel wird beim Export von neuen Buddhafigu- ren allerdings an Flugplätzen generell nicht durchgesetzt.

Sondergenehmigungen erteilt das Department of Fine Arts. Zur Bean- tragung müssen die betreffenden Ob- jekte von vorne fotografiert werden (nicht mehr als fünf Objekte pro Foto). Davon sind zwei postkartengroße Ab- züge zu machen, die dann zusammen mit Fotokopien der relevanten Seiten des Reisepasses – sowie einer Echt- heitsbestätigung des Passes seitens der Heimatbotschaft – bei einer der folgenden Stellen vorzulegen sind (Bearbeitungszeit ca. 8 Tage):

> **Department of Fine Arts,**
   Soi Silpakorn Na-Pharathat Road,
   Bangkok,
   Tel. 02 2217811
> **The Chiang Mai National Museum,**
   Chang Phueak, Chiang Mai,
   Tel. 053 221308
> **The Songkhla National Museum,**
   Vichianchom Rd., Songkhla,
   Tel. 074 311728

Rückerstattung der Mehrwertsteuer

Touristen können sich bei größeren Einkäufen die auf die Waren aufge- schlagene Mehrwertsteuer (oder VAT = Value Added Tax) rückerstatten las- sen. Die Mehrwertsteuer beträgt 7 %. Voraussetzung ist, dass die Waren ei- nen Wert von mindestens 5000 Baht haben (und mindestens 2000 Baht pro Artikel) und dass sie in einem spe- ziell ausgezeichneten Geschäft oder Kaufhaus (siehe Ausschilderung **„VAT Refund for Tourists“**) gekauft wurden. Beim Kauf kann man nach Formula- ren verlangen, die dann ausgefüllt an einem Schalter am Flughafen – links hinter den Eincheckreihen – vorzule- gen sind. Die Rückerstattung erfolgt dann aber an einem anderen Schal- ter hinter der Passkontrolle (siehe Schalter „Tax Refund“). Eine Bear- beitungsgebühr von 100 Baht wird einbehalten. Die erstandenen Waren sind im Handgepäck mitzuführen, da sie vorgezeigt werden müssen.

Natur erleben

Die drei Inseln sind allesamt von **Sandstränden** umringt und mit **tro- pischem Regenwald** in ihren Zent- ren bedeckt. Sowohl Ko Samui als auch Ko Phangan haben einen klei- nen Berg (um die 600 Meter) in der Inselmitte. Richtiger Dschungel findet sich eigentlich nur auf Ko Phangan. Die durchweg bergige Insel bietet ei- nen Nationalpark, in dem man die einheimische Tier- und Pflanzenwelt aufspüren kann, darunter viele Affen- und Schlangenarten. Einige Wasser- fälle auf Ko Samui und Ko Phangan sind nach der Regenzeit (November bis Februar) lohnende Ausflugsziele.

Die Inseln erleben
Natur erleben

Seit Mitte des 20. Jahrhunderts werden die Inseln vor allem für den Anbau von **Kokosnusspalmen** genutzt. So werden Besucher auch heute noch an jedem Strand und im Innenland Ko Samuis endlose Palmenhaine vorfinden. Diese Wirtschaft wird seit den 1990er-Jahren allerdings langsam vom dem sich immer weiter ausbreitenden Tourismus verdrängt.

Auf allen drei Inseln werden immer mehr **Tiere**, hauptsächlich Elefanten und Tiger, als recht teure Touristenattraktionen eingeführt. Das ist nicht jedermanns Sache und Besucher müssen selbst entscheiden, ob sie die Natur Thailands so erleben wollen.

Leider sind die **Tauchgründe** um die Inseln nicht gesetzlich geschützt und der Tauchbetrieb und die Fischerei belasten die Korallenriffe. Dennoch gibt es unter der Wasseroberfläche noch immer eine riesige Artenvielfalt zu sehen, von Walhaien bis zu Nacktschnecken. Wer Glück hat, sieht bei Tauchgängen um Ko Tao auch Schildkröten, kleine Haie, Rochen und sogar Seepferdchen. Die **Korallen** sind inzwischen **schwer geschädigt**, sowohl von El Niño als auch von den überhandnehmenden Tauchbooten. Mehr als 60.000 Taucher springen jährlich in die Fluten um Ko Tao und die umliegenden Pinnacles und manches Riff sehen daher recht verwahrlost aus. Kleine Tauchunternehmen tauchen von kleineren Booten, mit kleineren Gruppen, längeren Tauchzeiten, besserer Sicherheit und weniger Druck auf die Umwelt. Alleine die Organisation **Save Ko Tao** (siehe Exkurs S. 80) versucht, auf die Abnutzung der wunderschönen Naturwelt der Inseln aufmerksam zu machen. Der Schlüssel zu einer tragbaren Zukunft ist ein besseres Erzie-

Ausschilderung zum Phaeng-Wasserfall auf Ko Phangan

hungswesen in Thailand, das die Bewohner der Inseln darauf aufmerksam macht, dass ohne nachhaltiges Management die intakte Naturwelt irgendwann verloren gehen wird. Leider wehrt sich jede Regierung Thailands gegen Verbesserungen im Bildungswesen und auch deswegen ist das Umweltbewusstsein der entscheidungstragenden Beamten und Grundstücksbesitzer weiterhin von Profitdenken geprägt.

Von den Anfängen bis zur Gegenwart

Die Geschichte der drei in diesem Buch vorgestellten Inseln im Golf von Thailand ist erst seit dem späten 18. Jahrhundert gut dokumentiert. Natürlich wurden die Inseln schon lange vorher bewohnt und besucht. Aber Ende des 18. Jahrhunderts kamen chinesische und malaysische Siedler auf die Inseln.

Der Name **Samui** soll von dem chinesischen Wort Saboei abgeleitet sein, was so viel wie **sicherer Hafen** bedeutet. Der Name **Phangan** soll von Ngan kommen, was so viel wie **Sandbank** bedeutet. **Tao** ist das thailändische Wort für **Schildkröte**.

- **Vor dem 7. Jahrhundert:** Eine Trommel aus Bronze, möglicherweise aus Vietnam aus der Dongson Kultur (5. Jh. v. Chr. bis 2. Jh. n. Chr.), wurde 1977 auf Ko Samui gefunden, was darauf hindeutet, dass die Inseln im Golf schon seit Jahrtausenden bewohnt sind. Schriftliche Berichte aus dieser Zeit gibt es allerdings nicht und so ist die Trommel der einzige Verweis auf die Frühgeschichte der Inseln.
- **7.–14. Jahrhundert:** Surat Thani, das größte Bevölkerungszentrum auf dem Festland und nahe der Inseln gelegen, ist Teil des Königreiches Srivijaya. Über die Inseln im Golf gibt es aus dieser Zeit keine schriftlichen Berichte und es ist ungewiss, wer in dieser Zeitperiode auf den Inseln gelebt hat.
- **17. Jahrhundert:** Ko Tao wird unter dem Namen **Bardia** auf diversen Karten erwähnt. Allerdings ist die Insel zu dieser Zeit, bis auf ein paar Fischerdörfer, unbewohnt.
- **18. Jahrhundert:** Erste schriftliche Berichte über Ko Samui. Kleine Dörfer werden im Innenland errichtet, da die Strände aufgrund von Piraten im Golf zu gefährlich sind. Allein ein paar Seenomadengemeinden, die einen großen Teil des Jahres auf ihren Hausbooten verbringen, leben ab und an in winzigen Stranddörfern. Auch auf Ko Phangan leben einige dieser Gemeinden, die ursprünglich wahrscheinlich aus Malaysia kamen.
- **19. Jahrhundert:** Ko Samuis Inselhauptstadt Ban Nathon wird um 1850 von in der Fischerei tätigen Chinesen aus Surat Thani gegründet. Ein paar der alten chinesischen Shophouses stehen heute noch. Die Kokosnuss wird langsam zum wichtigsten Exportartikel der Insel. Immer mehr Plantagen werden angelegt und bis heute soll es zwei Millionen Bäume auf

◁ *Am Strand Mae Haad, Ko Tao*

Die Inseln erleben
Von den Anfängen bis zur Gegenwart

der Insel geben. Ko Samui beheimatet mehr Kokosnuss-Arten als jede andere Insel weltweit. Ko Phangan war Ende des 19. Jahrhunderts unter den Siamesen die bekannteste Insel im Golf von Thailand, da König Chulalongkorn gleich 18-mal auf Besuch kam. Damals lebten etwa 300 Familien auf der Insel, allesamt im Kokosnuss- oder Fischereigeschäft tätig. Der König macht 1899 auch einen Abstecher nach Ko Tao. Ab 1897 wurden Samui und Phangan von Surat Thani verwaltet.

1900–1945: Vor dem Zweiten Weltkrieg, so berichtet ein Arzt des ersten Krankenhauses Samuis, landete ein Wasserflugzeug an einem Strand der Insel. Einige Europäer stiegen aus, liefen den Strand hinauf und hinunter und flogen wieder ab. Die ersten ausländischen Besucher haben die Insel entdeckt, allerdings ohne weitere Folgen.

Von 1933 bis 1947 dient Ko Tao als Gefängnis für politische Gefangene.

1945–1960: Gegen Ende des Zweiten Weltkrieges versenken die Engländer vor der Küste Phangans zwischen Taling Ngam und den Five Islands ein japanisches Versorgungsschiff.

1947: Die Brüder Khun Uaem und Khun Oh treffen aus Ko Phangan auf der Insel ein und entscheiden, dort zu bleiben und ihre Familien ebenfalls von der Nachbarinsel zu holen. Seitdem wächst die Bevölkerung Ko Taos langsam.

1960–1980: Ende der 1960er-Jahre tauchten die ersten regelmäßigen Besucher aus dem Ausland auf – Hippies. Heute von den Thais verpönt und belächelt, so waren es doch diese Urlaubspioniere, die den Tourismus auf den Golfinseln ankurbelten. Zunächst bauten die Einheimischen den Hippies ein paar

Kokusnussplantage auf Ko Phangan

Die Inseln erleben
Von den Anfängen bis zur Gegenwart

Hütten, aber nachdem die Inselstraße Samuis 1972 fertiggestellt wurde, entwickelte sich der Tourismus recht schnell. In den späten 1970er- und frühen 1980er-Jahren blieb die Insel ein Hippieparadies. Zur gleichen Zeit wurde auch Ko Phangan von Alternativreisenden entdeckt. Seit den 1970er-Jahren ist Ko Phangan ein eigener Distrikt. Da die Fähren vom Festland damals 8 Stunden brauchten, blieben die meisten Besucher monatelang da.

1980–1990: Seit den späten 1980er-Jahren entwickelt sich Ko Samui immer mehr in Richtung Pauschal- und Luxustourismus, sodass Besucher, die nach 20 Jahren hierher zurückkehren, die Insel kaum wiedererkennen. Auf Ko Phangan fasste der Tourismus erst später richtig Fuß und das Hippieambiente überdauerte bis in die frühen 1990er-Jahre. Die erste, sehr bescheidene Full Moon Party soll 1988 stattgefunden haben. Auf Ko Tao entwickelt sich erst in den 1980er-Jahren Tourismus.

1990–2000: In den 1990er-Jahren etabliert sich Ko Samui als internationales Urlaubsziel. Ko Phangans Full Moon Party wird langsam international bekannt und die ersten Tauchunternehmen öffnen auf Ko Tao.

2000–heute: Seit der Jahrtausendwende hat der Tourismus Hochkonjunktur auf den drei Inseln und die Entwicklung geht immer weiter in Richtung Massentourismus. Die Umwelt leidet, auf der Hauptstraße auf Ko Samui herrscht Verkehr wie in Bangkok, die Full Moon Party auf Ko Phangan zieht Zehntausende Besucher an und die Tauchgründe Ko Taos werden immer mehr belastet. Dennoch bieten die Inseln noch immer schöne Ecken, Eindrücke und Erfahrungen. Die Besucherzahlen steigen immer weiter an.

Praktische Reisetipps

An- und Rückreise

Der schnellste und einfachste Weg zu den Inseln im Golf von Thailand ist der per Flugzeug. Ko Samui hat einen luxuriösen **kleinen internationalen Flugplatz**. Minibusse und Taxis (Achtung: Letztere sind teuer) befördern Passagiere vom Flugplatz zu ihren Resorts. Etwas umständlicher ist es, nach Chumphon und Surat Thani zu fliegen und von dort nach einem Taxi- oder Minibustransfer per Fähre zu einer der Inseln zu reisen. Ein neuer Flugplatz soll Ende 2013 an Ko Phangans Ostküste eröffnen. Nach Ko Samui und Ko Phangan fährt von Don Sak (bei Surat Thani) eine Autofähre. Alle anderen Schiffsverbindungen sind reine Passagierfähren, also nicht für Fahrzeuge. Insgesamt fahren vier verschiedene Firmen mit Fähren die verschiedenen Inseln an.

Ausrüstung und Kleidung

Wer gerade angekommen ist und durch die Kaufhäuser schlendert, wird sich wohl ärgern, dass er/sie soviel Gepäck mitgenommen hat. Das meiste gibt es hier **preiswerter und in ähnlich guter Qualität wie daheim**. Das gilt besonders für leichte Baumwollbekleidung wie T-Shirts, Hemden, Hosen etc. Leute mit Übergrößen (d. h. in Thailand über Schuhgröße 44 oder über einen Hüftumfang von 106 cm) sollten allerdings genügend Kleidungsstücke von zu Hause mitbringen. Aber selbst maßgeschneiderte Sachen sind noch absolut erschwinglich (siehe auch „Shopping/Textilien").

Unbedingt ins Reisegepäck gehört mindestens ein Satz **„ordentliche Kleidung"** – für den Fall, dass man auf ein Amt gehen muss, bei einer Thai-Familie eingeladen ist oder für andere etwas formellere Anlässe. Die Thais legen äußersten Wert auf standesgemäße und saubere Kleidung! Absolut unpassend ist es, außerhalb der Touristenzentren, fern von Strand und Düne, in Shorts und Gummisandalen entlang zu schlurfen! Völlig unpassend ist es auch, in Shorts einen Tempel zu besuchen. Frauen sollten unbedingt einen BH tragen!

Alle **Medikamente** gibt es in Thailand (problemlos) zu kaufen und das außerdem sehr billig. Häufig erscheinen aber Präparate unter einem anderen Namen als bei uns. Leute, die auf gewisse Medikamente angewiesen sind, sollten daher die chemischen Inhaltsstoffe dieser Medikamente kennen, um diese unter Umständen dem Apotheker nennen zu können. Einfacher ist es natürlich, eine leere Packung mit dem entsprechenden Aufdruck von zu Hause mitzubringen!

Hygieneartikel des täglichen Gebrauchs sind in der Regel billiger als bei uns oder höchstens gleich teuer. Wer auf sein französisches Parfüm aber nicht verzichten möchte, wird mehr zahlen müssen als daheim.

Vorhängeschlösser sind sehr wichtig, da manche Hütten auf Ko Tao kein eingebautes Schloss haben. Ebenso werden oft **Taschenlampen** benötigt, denn abends kann es fernab der Hüttensiedlung stockdunkel sein und in der Hütte selbst fällt oft genug der Strom aus.

◁ *Vorseite: Ein gemietetes Motorrad am Had Kuat, Ko Phangan*

Was sollte nun eigentlich doch noch **von zu Hause mitgebracht** werden? Nicht viel. **Tampons** sind manchmal schwer erhältlich und **Sonnenöl** ist etwas teurer. Für die teilweise grausig kalten Nachtfahrten in einem A.C.-Bus sollten **Jacke** und **Pullover** griffbereit sein. Ansonsten: So wenig mitbringen wie möglich!

Karten

Empfehlenswert ist die sehr detailgenaue, GPS-taugliche Thailandkarte des *world mapping project* (Maßstab 1:1,2 Mio.), die im REISE KNOW-HOW Verlag erschienen ist.

In allen **Buchhandlungen** Thailands, die auch englischsprachige Bücher führen, gibt es umfangreiches Kartenmaterial. Buchketten wie Asia Books, D.K. Books, Bookazine und Kinokuniya führen ein großes Programm an Thailand-Karten, Detailkarten und Stadtplänen. Besonders **gute Detailkarten** bietet Periplus Editions. Derzeit erhältlich ist „Ko Samui & Südthailand", Kostenpunkt ca. 200 Baht.

Autofahren

Es lohnt sich kaum, die Golfinseln mit einem Auto zu erschließen. **Ko Samui** hat zwar ein gut ausgebautes Straßennetz und viel Verkehr, aber die meisten Besucher bleiben in ihrem Resort und reisen kaum auf der Insel herum. Wirklich Neugierige, die unbedingt hinter dem Steuer sitzen möchten, können allerdings problemlos ein Motorrad oder Auto mieten. Das gleiche gilt für **Ko Phangan**, wo das Straßennetz weniger gut ausgebaut ist, es aber auch sehr viel weniger Verkehr gibt. Auf Ko Phangan gilt es allerdings aufgrund vieler unerfahre-

ner und teils betrunkener junger Touristen, auf vorbeifahrende Mopeds aufzupassen. Auf Ko Phangan ist es möglich, einen Jeep oder ein Motorrad zu mieten. Auf **Ko Tao lohnt** ein Auto gar nicht. Auch auf dieser Insel gibt es geteerte Straßen, die teilweise unglaublich steil sind. Verkehr gibt es nicht viel, aber wie in Ko Phangan fahren hier viele Touristen zum ersten Mal in ihrem Leben Motorrad, als ob es das letzte Mal wäre.

Wer ein **Auto mieten** will, muss einen gültigen internationalen oder EU-Führerschein und eine Kreditkarte vorweisen. **Motorradverleihe** nehmen es mit der Kompetenz der Mieter nicht so ernst und wollen lediglich einen Pass hinterlegt haben. Nach einem **Helm** muss man oftmals fragen. Vor Abnahme eines Mietfahrzeugs unbedingt nach **Schäden checken** und dem Verleiher melden, sonst kann es später zu unangenehmen Auseinandersetzungen kommen. Auch sollte man unbedingt bei Automiete die **Versicherungssituation** klären. Was hat der Kunde im Falle eines Schadens oder Unfalls zu zahlen. Jeeps können ab 800 Baht pro Tag gemietet werden, Autos ab mindestens 900 bis 1200 Baht und Motorräder ab 150 Baht.

Die **Polizei** in Thailand ist profitorientiert und man vermeidet am besten jeglichen Kontakt. Im Falle eines Unfalls müssen die Behörden allerdings manchmal eingeschaltet werden, schon wegen der Versicherung. In derartigen Fällen sollte man sich am besten mit der Tourist Police in Verbindung setzen. Es ist enorm wichtig, bei sämtlicher Kommunikation mit der Polizei immer zurückhaltend und freundlich aufzutreten. **Benzin** ist in Thailand nicht billig, man zahlt fast so viel pro Liter wie in Deutschland.

Barrierefreies Reisen

Behinderte Besucher haben es in Thailand nicht immer leicht. **Rollstuhlfahrer** gibt es hier kaum, die Straßen und Bürgersteige sind ohnehin zu holprig dafür.

Der Flugplatz auf Ko Samui sowie einige der teureren Hotels auf den Inseln verfügen über Rollstuhlrampen. In den Stadt- und Touristenzentren der Inseln sind die Straßen geteert und manche größere Hotels bieten eine **behindertengerechte Ausstattung**. Auf der Hotel-Website Asiarooms (www.asiarooms.com) kann man nachschauen, welche Hotels einen derartigen Service offerieren.

Diplomatische Vertretungen

Deutschland:
> **Deutsche Botschaft in Bangkok,** 9 South Sathorn Rd., Tel. 02 2879000, Notfallnummer außerhalb der Geschäftszeit 081 8456224, www.bangkok.diplo.de. Mo–Fr 8.30–11.30 Uhr

Österreich:
> **Österreichische Botschaft in Bangkok:** 14 Soi Nantha, Attakarnprasit Soi 1, South Sathorn Road, Tel. 02 3036046 oder 3036047, www.aussenministerium.at/bangkok. Mo–Fr 9–12 Uhr

Schweiz:
> **Schweizer Botschaft in Bangkok:** 35 North Wireless Road, Skytrain-Station Chitlom, Tel. 02 6746900, www.eda. admin.ch/bangkok. Mo–Fr 9–11.30 Uhr

▷ *Lesen am Ao Nai Wok, Ko Phangan*

Ein- und Ausreisebestimmungen

Visum

Bürger der Bundesrepublik Deutschland, der Schweiz, Österreichs, der Niederlande sowie zahlreicher anderer Länder erhalten bei Einreise **per Flugzeug** eine **Aufenthaltsgenehmigung** von 30 Tagen. Bei der Einreise **über Land oder zu Wasser** wird nur eine Aufenthaltsgenehmigung für 15 Tage gewährt. Sicherheitshalber sollte man sich für längere Aufenthalte bei einer der folgenden Stellen ein Visum ausstellen lassen.

Deutschland:
> **Königlich Thailändische Botschaft Berlin,** Lepsiusstr. 64–66, 12163 Berlin, Tel. 030 794810, Fax 79481511, www.thaiembassy.de

Österreich:
> **Königlich Thailändische Botschaft Wien,** Cottagegasse 48, 1180 Wien, Tel. 01 4783335, Fax 4782907, www.thaiembassy.at

Schweiz:
> **Königlich Thailändische Botschaft,** Kirchstr. 56, 3097 Liebefeld, Tel. 031 97030-30, -31, -32, -33, -34, Fax 9703035, www.thai-consulate.ch

Weitere diplomatische Vertretungen, aktuelle Reisehinweise und Hinweise zur allgemeinen Sicherheitslage gibt es hier:

Deutschland:
> **Auswärtiges Amt,** www.auswaertiges-amt.de und www.diplo.de/sicherreisen (Länder- und Reiseinformationen), Tel. 030 5000 0, Fax 5000-3402

Österreich:
> **Bundesministerium für europäische und internationale Angelegenheiten,** www.bmeia.gv.at (Bürgerservice),

Praktische Reisetipps
Ein- und Ausreisebestimmungen

Tel. 05 01150 4411, Fax 05 01159 0
(05 muss immer vorgewählt werden)

Schweiz:
› **Schweizerische Eidgenossenschaft**,
www.dfae.admin.ch (Reisehinweise),
Tel. 031 3238484

Visa gibt es in den Kategorien 60-Tage-Touristen-Visum und 90-Tage-Non-Immigrant-Visum (für Geschäftsreisen). Jedes Visum mit **einer Einreise ist ab Ausstellungstag 90 Tage** gültig.

Das **60-Tage-Touristen-Visum** kann auch als **double-entry**- oder **triple-entry-Visum** ausgestellt werden, d. h. die Visa berechtigen dann zum zwei- bzw. dreimaligen Aufenthalt von jeweils 60 Tagen. Beide Visa lassen sich um 30 Tage verlängern und sind 180 Tage gültig. In der Thailändischen Botschaft in Singapur werden jedoch nur Touristenvisa für *eine* Einreise ausgestellt; das Gleiche gilt oft auch in Penang.

Das **90-Tage-Non-Immigrant-Visum** kann als **single-** oder **multiple-entry-Visum** erworben werden. Letzteres ist 365 Tage gültig.

Zur **Visaerteilung** ist ein **Reisepass** vorzulegen, der am Tag der Ankunft in Thailand noch mindestens 6 Monate gültig sein muss. Des Weiteren ein ausgefülltes Antragsformular und ein Passfoto. **Kinderausweise** werden in Thailand nicht anerkannt. Zur Erteilung eines Non-Immigrant-Visums sind außerdem Bestätigungsschrei-

ben des Arbeitgebers und/oder einer thailändischen Firma vorzulegen, die den Reisezweck angeben. Die obigen Unterlagen samt Postüberweisungsquittung oder Scheck in Höhe der Visumsgebühr und ausreichend frankiertem Rückumschlag können auch per Post der Auslandsvertretung zugeschickt werden. Die Bearbeitung dauert je nach Saison 3 bis 15 Tage.

Visaverlängerungen

Die 30-Tage-Aufenthaltsberechtigung und alle weiteren Visa lassen sich derzeit **um maximal 7 Tage verlängern**. Wie bei allen Versuchen, sein Visum verlängern zu lassen, sollte sich der Antragsteller um ein gepflegtes Äußeres und höflich-zurückhaltende Manieren bemühen. Gummischlappen, Shorts und Kaugummi werden auf die Beamten keinen sehr positiven Eindruck machen. Jede Verlängerung kostet 1900 Baht. Außerdem sind notwendig: ein Passbild und Fotokopien der relevanten Seiten im Pass, d. h. die Seiten mit den Personalangaben, dem Visum und dem Einreisestempel.

> **EXTRAINFO**
> **Ausweis für Kinder**
> Seit 2012 benötigen auch Kinder von 0 bis 16 Jahren für eine Auslandsreise **eigene Ausweispapiere** (Kinderreisepass/Reisepass) mit einem aktuellen Foto. Der Eintrag im Pass der Eltern ist nicht länger gültig.

Der Antrag auf Visumsverlängerung sollte sicherheitshalber 2 oder 3 Tage vor Ablauf des Visums gestellt werden.

„Overstay": Wer ohne gültiges Visum erwischt wird, muss mit empfindlichen Gefängnisstrafen rechnen. Wer aber am Flughafen zur Ausreise auftaucht mit einem bereits abgelaufenen Visum, wird lediglich mit einer Geldstrafe von 500 Baht je Tag nach Ablaufen des Visums bestraft. Überzieht man lediglich einen Tag, wird üblicherweise keine Strafgebühr erhoben.

Es sei hiermit dennoch vom Überziehen des Visums abgeraten! Einige Leute wanderten schon wegen einem Tag unerlaubten Aufenthalts ins Gefängnis.

Langzeitaufenthalt

Zu **längeren Thailand-Aufenthalten zwecks Studium oder Arbeit** sind spezielle Visa oder Genehmigungen nötig, die theoretisch bei allen Immigration Offices im Lande eingeholt werden können. Die Visagebühren sind relativ hoch (einige Tausend Baht), und dazu ist oft ein wahrer Hindernislauf durch die Bürokratie nötig, ehe man das Visum in den Händen hält. Gelegentlich vergehen Monate. Die Studien- oder Arbeitsvisa gelten in der Regel für 1 Jahr.

Wer in Thailand ein Einkommen bezieht, kann vom **Doppelbesteuerungs-Abkommen** Gebrauch machen, das zwischen Deutschland und Thailand besteht.

Geschäftsreisende, Journalisten, Fotografen, Forscher o. Ä., die kein Einkommen in Thailand beziehen, aber einer professionellen Tätigkeit nachgehen, können sich bei einer thailändischen Auslandsvertretung ein für drei Monate gültiges **Non-Immigrant-Visum** ausstellen lassen. Diese Visa gibt es in der Kategorie „B" *(Business)* für Geschäftsleute und Kategorie „Ex" *(Expert)* für die meisten anderen Berufssparten. Das Visum lässt sich auf Wunsch auch als **Multiple Entry Visum** (zweimal 3 Monate), d. h. nach den ersten drei Monaten braucht man nur kurz auszureisen (z. B. in ein Nachbarland) und kann sofort wieder einreisen, wobei man einen neuen Drei-Monats-Stempel erhält. Dieses Visum bleibt 365 Tage gültig

Wer **ohne Arbeitsgenehmigung** in Thailand Geld verdient, kann mit einem Gefängnisaufenthalt bestraft werden.

Re-Entry Permit

Wer aus irgendeinem Grund plötzlich das Land verlassen muss, verliert normalerweise sein Visum. Durch Ausstellung eines **Re-Entry Permits** bleibt das Visum jedoch noch für die Zeit der verbleibenden Tage gültig. Beispiel: Wer am 1. August mit einem 60-tägigen Touristenvisum einreist und umständehalber am 10. August ausreist, verliert normalerweise die verbleibenden 49 Tage des Visums (der erste Gültigkeitstag des Visums wird als voller Tag angerechnet).

Mit dem Re-Entry Permit erhält man bei neuerlicher Einreise diese 49 Tage jedoch „zurück". Beantragt werden können die Permits bei den Immigrationsbüros und in den **Immigrationsstellen auf den internationalen Flughäfen**. Mitzubringen sind zwei Passfotos und 1000 Baht (für ein Re-Entry; mehrere oder unbegrenzte Re-Entrys kosten 3800 Baht, aber diese sind nur für Leute mit Langzeitvisa, z. B. Arbeitsvisa, relevant).

Praktische Reisetipps
Ein- und Ausreisebestimmungen

Wer allerdings schon 30 oder mehr Tage des 60-Tage-Visums „abgewohnt" hat, profitiert nicht von dem Permit, denn bei neuerlicher Einreise gibt es ohnehin eine (kostenlose) 30-tägige Aufenthaltsgenehmigung und damit kommt man dann auf insgesamt mehr als 60 Tage Aufenthalt.

Devisenbestimmungen

Devisen in bar oder Schecks dürfen **in unbegrenzter Höhe in jeglicher Währung** eingeführt werden. Ausländische Devisen können unbegrenzt wieder ausgeführt werden, thailändische nur bis zu 50.000 Baht. Baht können jederzeit im Flughafen oder in allen Banken mit Wechselservice in ausländische Währungen zurückgetauscht werden.

Einfuhrbeschränkungen

Erlaubt sind bei der Einreise nach Thailand 1 Liter Spirituosen pro Person sowie 200 Zigaretten und Parfüm in Mengen „zum persönlichen Gebrauch". Kontrollen sind jedoch sehr selten und eventuelle leichte Überschreitungen werden generös gehandhabt.

Kameras, Filme, Notebooks

Offiziell darf man nur jeweils eine Foto- oder Videokamera einführen, ebenso nur fünf Fotofilme und drei Videofilme. In der Praxis wird das Einhalten dieser Bestimmung so gut wie nie überprüft. Wer nicht genügend Filme oder Memory Cards dabei hat, kann sie auf den Inseln nachkaufen.

Alles hat seinen Preis, auch die Visumsänderungen

Rückreise nach Europa

Bei der Rückreise gibt es auch auf europäischer Seite Freigrenzen, Verbote und Einschränkungen. Folgende **Freimengen** darf man zollfrei in die EU bzw. die Schweiz einführen:

› **Tabakwaren** (für Personen ab 17 Jahren): 200 Zigaretten oder 100 Zigarillos oder 50 Zigarren oder 250 g Tabak oder eine anteilige Zusammenstellung dieser Waren

› **Alkohol** (für Personen ab 17 Jahren) **in die EU:** 1 l Spirituosen (über 22 Vol.-%) oder 2 l Spirituosen (unter 22 Vol.-%) oder eine anteilige Zusammenstellung dieser Waren, und 4 l nicht-schäumende Weine, und 16 l Bier; **in die Schweiz:** 2 l bis 15 Vol.-% und 1 l über 15 Vol.-%

› **Andere Waren** (in die EU): 10 Liter Kraftstoff im Benzinkanister; für See- und Flugreisende bis zu einem Warenwert von insgesamt 430 Euro, alle Reisende unter 15 Jahren 175 € (bzw. 150 € in Österreich); (in die Schweiz): neuangeschaffte Waren für den Privatgebrauch bis zu einem Gesamtwert von 300 SFr. Bei Nahrungsmitteln gibt es innerhalb dieser Wertfreigrenze auch Mengenbeschränkungen.

Elektrizität

Wird die Wertfreigrenze überschritten, sind Einfuhrabgaben auf den Gesamtwert der Ware zu zahlen und nicht nur auf den die Freigrenze übersteigenden Anteil. Die Berechnung erfolgt entweder pauschal oder nach dem Tarif jeder einzelnen Ware zuzüglich sonstiger Steuern.

Einfuhrbeschränkungen bestehen u. a. für Tiere, Pflanzen, Arzneimittel, Betäubungsmittel, Feuerwerkskörper, Lebensmittel, Raubkopien, verfassungswidrige Schriften, Pornografie, Waffen und Munition; in Österreich auch für Rohgold und in der Schweiz auch für CB-Funkgeräte.

Nähere Informationen
> **Deutschland:** www.zoll.de oder unter Tel. 0351 44834510
> **Österreich:** www.bmf.gv.at oder unter Tel. 01 51433564053
> **Schweiz:** www.ezv.admin.ch oder unter Tel. 061 2871111

Elektrizität

Die Netz-Spannung ist wie bei uns **230 Volt** Wechselstrom. Die gebräuchlichen Steckdosen sind Zweipolsteckdosen, in einigen besseren Hotels findet man aber auch dreipolige Sicherheitssteckdosen vor. Falls man einen Zweipolstecker in diese einführen will, sind sie normalerweise blockiert und unbenutzbar.

Wer ein elektrisches Gerät wie z. B. ein Laptop benutzen möchte, sollte sicherheitshalber ein **Verlängerungskabel** mitbringen; in manchen Hotelzimmern sind die Steckdosen hinter einem Kühlschrank oder sonstwo versteckt, mit dem normalen Anschlusskabel kommt man eventuell nicht hin.

Die **Stromversorgung** in Thailand ist im Allgemeinen sehr gut, Stromausfälle sind selten. Manche Bungalowkolonie behilft sich gelegentlich mit einem eigenen Generator.

Film und Foto

Thais lassen sich meist nicht ungern fotografieren, dennoch sollte man **unbedingt höflich fragen**, bevor man ein Porträt schießt. Auf Thai klingt das so „Koa Tai Ruup Mai?" Auf alle Fälle sollte man es vermeiden, Militär oder die Polizei zu fotografieren. Auch Prostituierte und Ladyboys sind von Fotos oft nicht begeistert.

Die meisten Reisenden fotografieren mit Digitalkameras. Die thailändischen Fotogeschäfte haben sich darauf eingestellt und **digitale Fotos** können in Läden auf allen drei Inseln von der Kamera oder dem Chip auf CD gebrannt (ca. 100 Baht pro CD) oder aber auf Papier ausgedruckt werden (ca. 10 Baht für ein Standardformat).

Geldfragen

Die thailändische Währungseinheit ist der **Baht**, der sich in 100 Satang unterteilt. Für **Traveller-Schecks** gelten etwas höhere Wechselkurse als für Bargeld. Bei baren Dollars haben große Scheine einen etwas besseren Wechselkurs als kleine.

Es gibt Münzen zu 25 und 50 Satang, 1, 2, 5 und 10 Baht, Banknoten zu 10 (heute ganz selten), 20, 50, 100, 500 und 1000 Baht.

Die **25- und 50-Satang-Münzen** sind klein, goldfarben und heutzutage fast wertlos. Außer in öffentlichen Bussen in Bangkok oder im Kaufhaus werden sie kaum noch angenommen.

Die **1-Baht-Münzen** sind silber und etwas kleiner als ein 5-Cent-Stück. Die silbernen **2-Baht-Münzen** sehen den 1-Baht-Münzen zum Verwechseln ähnlich, sie sind nur unwesentlich größer. Sie sind bisher sehr selten. Manche Geschäftsinhaber ma-

---

Wechselkurse

1 €	38,59 Baht
1 Baht	0,03 €
1 $	29,37 Baht
1 Baht	0,03 $
1 SFr	30,99 Baht
1 Baht	0,03 SFr

(Stand: Mai 2013)

---

len ihnen mit blauem Marker eine „2" auf. Die **5-Baht-Münzen** sind silbern und haben etwa die Größe eines 20-Cent-Stücks. Die Fünfer können unterschiedliche Dicke haben, je nachdem, ob es sich um eine alte oder neuere Ausgabe der Münze handelt. Die **10-Baht-Münzen** sind silbern und haben einen goldenen Kern, ganz ähnlich der 2-Euro-Münze, die auch exakt die gleiche Größe hat. Eine Zeit lang benutzten gewitzte Leute 10-Baht-Münzen in europäischen Automaten, bis die Automatenhersteller darauf aufmerksam wurden und die Geräte umstellten, sozusagen „Baht-sicher" machten.

Banknoten gibt es zu 10 Baht (braun), 20 Baht (grün), 50 Baht (blau), 100 Baht (rot), 500 Baht (violett) und 1000 Baht (beigebraun).

Die **Banken** sind Mo bis Fr von 8.30 bis 15.30 Uhr geöffnet, nicht aber an öffentlichen Feiertagen. In Gebieten mit hoher Touristenkonzentration (z. B. Chaweng und Lamai auf Ko Samui) gibt es zahlreiche Wechselschalter, die weit länger geöffnet haben, bis 20 oder auch 22 Uhr. Die Kurse sind i. A. die gleichen, wie man sie auch bei den normalen Banken erhält.

◁ *Touristen am Pier von Thong Sala*

Praktische Reisetipps
Geldfragen

Beim **Einlösen eines Traveller-Schecks** ist der Reisepass vorzulegen und dann die Unterschrift zu leisten. Je Scheck wird eine Wechselgebühr von 30 Baht erhoben, dazu kommen noch einmal 3 Baht pro getätigtem Wechsel. Wenn ich also zwei Schecks einlöse, werden mir 2x30 Baht (für die Schecks) und weitere 3 Baht (für das Wechseln) abgezogen, insgesamt also 66 Baht. Verschiedene Banken erheben u. U. geringfügig abweichende Gebühren.

Thailands Banken arbeiten extrem effizient und ein Wechsel dürfte nicht mehr als ein paar Minuten in Anspruch nehmen, wenn überhaupt. Beim Wechseln von **Bargeld** ist kein Reisepass notwendig, es wird nur ein kleines Formular ausgefüllt und das war's dann auch schon. Die üblichen Weltwährungen werden überall angenommen.

Maestro-(EC-) und Kreditkarten

In vielen Hotels, Restaurants und Geschäften kann mit Kreditkarten bezahlt werden. Dabei ist vorher abzuklären, ob dabei ein Aufschlag auf den Preis erhoben wird. In einigen Geschäften wird bei Zahlung mit Kreditkarte eine Gebühr von 5 % aufgeschlagen. Reisebüros schlagen zumeist 2,5 – 3 % auf. Thailand ist ein Zentrum des **Kreditkartenbetrugs** und man sollte die Karte nur bei seriös wirkenden Unternehmen einsetzen.

Ob und wie hoch die **Kosten für eine Barabhebung** sind, ist abhängig von der kartenaustellenden Bank und der Bank, bei der die Abhebung erfolgt. Man sollte sich daher vor der Reise bei seiner Hausbank informieren, mit welcher thailändischen Bank sie zusammenarbeitet. Im ungünstigsten Fall wird pro Abhebung eine Gebühr von bis zu 1 % des Abhebungsbetrags per Maestro-(EC-)Karte oder gar 5,5 % des Abhebungsbetrags per Kreditkarte berechnet.

Achtung! Seit 2009 wird bei Barabhebungen **mit nicht-thailändischen Bankkarten** pro Abhebung eine **Gebühr von 150 Baht** eingezogen. Es ist also sinnvoll, immer möglichst große Summen abzuheben. In der Regel spucken die Automaten bis zu 20.000 Baht pro Abhebung aus, die Automaten mancher Banken jedoch nur bis zu 10.000 Baht. Die einzige Möglichkeit, die Gebühr zu umgehen, sind die **Automaten von „Aeon"**, einer Finanzgesellschaft. Man sollte nach diesen Ausschau halten, sie sind jedoch rar und die auf der Website von „Aeon" angegebenen Automaten existieren zum Teil nicht mehr (www.aeonthailand.com/lang/en).

Für das **bargeldlose Zahlen per Kreditkarte** werden ca. 1 bis 2 % für den Auslandseinsatz berechnet.

Einige deutsche Banken (v. a. die Postbank) statten ihre Geldkarten nicht mehr mit der Maestro-, sondern der Bezahlfunktion „V-Pay" aus, bei der nicht der kopierbare Magnetstreifen, sondern der Chip gelesen wird. Das hat zur Folge, dass an Bankautomaten außerhalb der EU mit der V-Pay-Karte kein Geld gezogen werden kann, da die Automaten die Chips nicht lesen können.

❯ Weitere Infos unter www.vpay.de

Geld überweisen

Ist einem das Geld ausgegangen, kann man sich problemlos welches schicken lassen. Alle **Geldüberweisungen** von Europa aus sollten aber grundsätzlich per Telex oder besser sogar SWIFT abgewickelt werden (ca. 20 Euro). So sollte es dann nicht länger als 2 Tage dauern, wohingegen Normalüberweisungen Wochen dauern können.

Weiterhin möglich sind Überweisungen über eine Filiale von **Western Union**. Für den Transfer muss man die Person, die das Geld schicken soll, vorab benachrichtigen. Diese muss dann bei einer Western Union Vertretung (in Deutschland u. a. bei der Postbank) ein entsprechendes Formular ausfüllen und den Code der Transaktion telefonisch oder anderweitig übermitteln. Mit dem Code und dem Reisepass geht man zu einer beliebigen Vertretung von Western Union in Thailand (siehe Telefonbuch oder unter www.westernunion.com), wo das Geld nach Ausfüllen eines Formulars binnen Minuten ausgezahlt wird. Je nach Höhe der Summe wird eine Gebühr ab derzeit 10,50 Euro erhoben.

Kosten

Die Kosten auf den Inseln variieren enorm. Es ist durchaus möglich, auf Ko Phangan oder Ko Tao mit 25 Euro **Tagessatz** zu überleben, auf Ko Samui eventuell mit ca. 30 bis 35 Euro. Unterkünfte, Essen, Transport etc. sind auf Samui grundsätzlich teurer als auf Phangan oder Tao. **Unterkünfte** sind auf den zwei kleineren Inseln für unter 10 Euro zu haben. Im oberen Preisbereich kann man in Ko Samui mehrere tausend Euro die Nacht ausgeben. Für 30 Euro bekommt man auf Ko Samui ein ordentliches Zimmer, auf den anderen beiden Inseln einen kleinen Luxus. Auch beim **Essen** schwanken die Preise enorm. Wer auf Nachtmärkten isst, kann für 5 Euro richtig zuschlagen. Auch bescheidene Thai-Restaurants sind nicht viel teurer und etwas abseits der Touristenzent-

EXTRATIPP

Die Insel preiswert

› Wie alle buddhistischen Tempel ist auch der grandios kitschige **Wat Plai Laem,** nicht weit von Bo Phut entfernt gelegen, auf Ko Samui kostenlos zu betreten. Auch die Tempel auf den anderen Golfinseln kosten keinen Eintritt.

› Auch für den **Than Sadet Nationalpark** auf Ko Phangan muss kein Eintritt gezahlt werden. Ein Ausflug zum Than-Sadet-Wasserfall oder zum höchsten Berg der Insel Kao Ra kann an einem Tag bewältigt werden.

› Auf allen Golfinseln finden in den kleinen Gemeinden jedes Jahr **Dorffeste** statt. Die Orte und Zeiten ändern sich, aber der Besuch dieser Veranstaltungen, die an Kirmes in Deutschland erinnern, ist kostenfrei. Es gibt eine Vielfalt an Essen, Live-Musik und Bier, außerdem Stände, die Kleidung, Spielzeug und Haushaltswaren verkaufen, Riesenräder und andere Attraktionen für Kinder. Gelegentlich finden diese Feste auch in Tempeln statt.

ren leicht zu finden. An den Hauptbadeständen wie Chaweng und Lamai auf Ko Samui oder in Hat Rin auf Ko Phangan sind die Preise deutlich höher und thailändische Gerichte sind nicht immer leicht zu finden. Internationale Speisen sind selbstverständlich teurer.

Transportpreise schwanken ebenfalls enorm. Auf Ko Samui sollten **Taxis** preiswert sein, wenn man die Fahrer dazu bewegen kann, den Taxameter einzuschalten. Die Taxis vom Flugplatz zu den Unterkünften sind allerdings unverschämt teuer und es

Praktische Reisetipps
Gesundheitsvorsorge

empfiehlt sich, einen Minibus zu nehmen. Auf Ko Samui und Ko Phangan gibt es (sehr langsame) **Songthaews** (**Sammeltaxis**), die an fast alle Orte der Inseln fahren, die Kosten liegen normalerweise unter 100 Baht pro Person. Auf Ko Tao werden Besucher mit **Pick-ups** herumgefahren – Strecken kosten zwischen 50 und 300 Baht. **Taxiboote**, die um Ko Phangan und Ko Tao von Strand zu Strand fahren, haben ähnliche Preise. **Mopeds** lassen sich für ca. 150 bis 300 Baht pro Tag mieten.

Die **Eintrittspreise** für die wenigen Touristenattraktionen, die es auf Ko Samui gibt, sind recht heftig.

Gesundheitsvorsorge

Die Krankenhäuser auf Ko Samui sind von recht hoher Qualität. Auf Ko Phangan und Ko Tao gibt es eine Reihe von Kliniken, aber im ernsten Krankheitsfall sollte man doch nach Ko Samui reisen.

Besucher Thailands brauchen keine Impfpässe mitzubringen, es sei denn, sie reisen aus einem afrikanischen Land ein, in dem das Gelbfieber verbreitet ist. Kurzbesucher Thailands sollten auf jeden Fall gegen **Diphtherie**, **Polio**, **Typhus**, **Hepatitis A** und natürlich gegen **Tetanus** geimpft sein.

Ortstypische Krankheiten

> **Malaria:** Malaria ist in Südostasien weit verbreitet und wird v. a. nachts von Moskitos übertragen. Gefährlich sind vor allem die thailändischen Grenzgebiete kurz nach der Regenzeit. Auf den Inseln im Golf von Thailand besteht so gut wie keine Gefahr und eine Malariaprophylaxe ist nicht notwendig. Allerdings sollte man Moskitostiche dennoch vermeiden. Zu den Symptomen zählen hohes Fieber, Schweiß- und Kälteausbrüche, schmerzende Gelenke und Durchfall. Wer glaubt, Malaria zu haben, sollte so schnell wie möglich einen Arzt aufsuchen: Malaria kann sehr gefährlich werden und sogar tödlich enden. Malariamedikamente zur Prophylaxe und Notfall-Selbsttherapie können in Thailand gekauft werden.

> **Denguefieber:** Diese Krankheit wird von Moskitos übertragen, die Gefahr, infiziert zu werden, besteht v. a. tagsüber in Städten. Das Risi-

ko für Kurzreisende auf den Golfinseln besteht, ist jedoch recht gering. Auf Ko Phangan hört man kurz nach der Regenzeit gelegentlich von Fällen von Denguefieber. Hohes Fieber, Kopfschmerzen, Muskel- und Gelenkschmerzen sowie Erbrechen sind die üblichen Symptome. Mit einem Bluttest im Krankenhaus kann man die Krankheit diagnostizieren. Eine Therapie gibt es allerdings nicht. Wer Denguefieber hat, sollte Aspirin und andere Mittel auf der Basis von Acetylsalicylsäure vermeiden. Es kann einige Wochen dauern, bis man die Krankheit überwunden hat.

> **Magen- und Darmerkrankungen:** Viele Reisende bekommen in Asien Durchfall. Normalerweise ist das kein Zeichen einer schweren Erkrankung, eher liegt es am fremden Essen, am Trinkwasser und heißen Klima. Reisende sollten darauf achten, immer genug Wasser zu trinken. Wer bei der ungewohnten Hitze den ganzen Tag am Strand sitzt

Hygiene

Die Unterkünfte auf den Inseln im Golf von Thailand sind generell sauber, aber wer nur 5 US$ für sein Zimmer zahlt, sollte nicht zu viel erwarten. Das Leitungswasser ist in der Regel zwar **Trinkwasser**, aber Mineralwasser zu trinken ist dennoch besser. (Der Autor putzt sich jedoch seit Jahren damit die Zähne und hat bisher keinen Schaden davongetragen.)

Selbst die billigeren Guesthouses auf Ko Samui, Ko Phangan und Ko Tao haben generell westliche Toiletten. Öffentliche **Toiletten** sind in Südostasien grundsätzlich nicht mit einer Wasserspülung ausgestattet und man sollte kein Papier hineinwerfen, da sie sonst verstopfen. Normalerweise steht ein Eimer für diesen Zweck bereit. Toilettenpapier, Tampons und andere **Toilettenartikel** gibt es in diversen Supermärkten und Apotheken zu kaufen.

Aufgrund der generell mangelnden Hygiene im Land – Busse, Toiletten und Märkte zum Beispiel sind nicht so sauber wie bei uns – sollte man sich unbedingt vor jeder Mahlzeit die Hände waschen. **Kontakt mit Tieren**, vor allem mit Straßenhunden und verwilderten Katzen, vermeidet man besser.

oder auf einem Motorrad über die Insel fährt, trocknet sehr schnell aus. Rehydrationssalz gibt es in Apotheken zu kaufen. Wer krank wird, sollte ungewürzte Speisen zu sich nehmen und, wenn es geht, Durchfallmittel wie Imodium meiden - diese heilen den Darm nicht, sondern verschließen ihn lediglich. Wer mehr als 48 Stunden lang Durchfall hat, eventuell auch blutigen Stuhlgang, sollte schleunigst einen Arzt aufsuchen (s. S. 115). Länger andauernde Durchfälle können auch ein Symptom von Tropenruhr oder einer Infektion durch Giardiasis sein. Wer glaubt, eine dieser beiden Krankheiten zu haben, sollte einen Arzt aufsuchen.

> *Geschlechtskrankheiten und HIV/AIDS: Wer sexuell aktiv ist, sollte, wie überall auf der Welt, immer ein Kondom benutzen und dem käuflichen Sex fernbleiben. Unter den Frauen, die in der thailändischen Sexindustrie arbeiten, gibt es eine sehr hohe Rate an HIV-Infektionen. Diverse andere Geschlechtskrankheiten von Syphilis bis an Gonorrhö (Tripper) sind ebenfalls weit verbreitet. Kondome gibt es auf den Inseln in zahlreichen Geschäften, Apotheken und an Tankstellen zu kaufen.*

> *Pilzkrankheiten: Im feuchtheißen tropischen Klima Thailands bekommen viele Besucher Pilzkrankheiten - entweder von Tieren oder anderen Menschen übertragen. Das kann sehr stark jucken, vor allem zwischen den Zehen, unter den Armen und zwischen den Beinen, überall dort, wo sich Schweiß und Hitze anstauen. Derartige Erkrankungen sind am besten zu vermeiden, indem man leichte Baumwollkleidung trägt und sich nach dem Duschen sorgfältig abtrocknet.*

> *Literaturtipps: Praxis Gesundheitshandbuch für Fernreisen, Handbuch für Tropenreisen und Was kriecht und krabbelt in den Tropen? - Schutz vor Plagegeistern. REISE KNOW-HOW Verlag Bielefeld.*

Praktische Reisetipps
Informationsquellen

Im täglichen Leben und zwischenmenschlichen Bereich sind **Hygiene und saubere Kleidung enorm wichtig.** Wer in Thailand als Besucher ungewaschen, ungekämmt und in abgetragener Kleidung auftritt, wird die Einheimischen möglicherweise in Verlegenheit bringen.

Informationsquellen

Infostellen zu Hause

Thailändisches Fremdenverkehrsamt

❯ **in Deutschland:** Bethmannstr. 58, 60311 Frankfurt, Tel. 069 1381390, Fax 13813950, www.thailandtourismus.de

❯ **in Österreich:** zurzeit nur mit virtuellem Büro: www.tourismusthailand.at. Für alle weiteren Angelegenheiten wende man sich an die o. g. Abteilung in Frankfurt.

❯ **in der Schweiz:** Zähringerstr. 16, 3012 Bern, Tel. 031 3003088, Fax 3003077, www.tourismthailand.ch

Infostellen auf den Inseln

Ko Phangan und Ko Tao haben keinerlei offizielle Informationsstellen. Alleine Ko Samui hat ein kleines Touristenbüro (siehe Ban Nathon ❸)

Tourist Authority of Thailand

In Thailand und anderen südostasiatischen Staaten geben die Büros der TAT (Tourist Authority of Thailand) Auskunft. Auch im Internet unter www.tourismthailand.org.

Head Offices:

❯ TAT, 1600 New Petchaburi Road, Makkasan, Ratchathewi, Bangkok 10400, Tel. 02 2505500, Fax 02 2505511, center@tat.or.th

❯ TAT, 4 Ratchadamnön Nok Avenue, Bangkok 10100, Tel. 02 2829773, Fax 02 2829775

in Surat Thani:

❯ TAT, 5 Talat Mai Road, Amphö Muang, Surat Thani 84000, Tel. 077 288818-9, Fax 077 282828, tatsurat@samart.co.th, geöffnet täglich 8.30 – 16.30 Uhr

in Ban Nathon, Ko Samui:

❯ TAT, in einer Gasse westlich der Thawirath Road im Norden von Ban Nathon, Tel. 077 420504, geöffnet täglich 8.30 – 16.30 Uhr

Ko Samui, Ko Phangan und Ko Tao im Internet

❯ **www.kosamui.com.** Unfassendes Verzeichnis von Hotels, Restaurants und Klubs (Englisch).

❯ **www.kosamui.de.** Verzeichnis von Hotels, Restaurants und Klubs (Deutsch).

❯ **http://german.phanganislandguide.net.** Deutschsprachige Infos zu Ko Phangan.

❯ **http://fullmoonparty-thailand.com.** Rund um die Full Moon Party.

❯ **www.kohphangan.info.** Unterkunftsinfos auf Ko Phangan.

❯ **www.kohtao.tv.** Unterkunfts- und Tauchinfos.

Publikationen und Medien

Auf allen drei Inseln werden **kostenlose Magazine und Broschüren** mit Landkarten und Informationen zu Hotels und Restaurants etc. vertrieben. Diese meist bescheidenen Hefte finanzieren sich durch Anzeigen. Dennoch lohnt es sich, einen kurzen Blick hineinzuwerfen, um sich über die allerneusten Partys und Klubs zu informieren. Die Titel kommen und gehen, unter den verlässlichsten sind **Samui Holiday Magazin, Ko Phangan Info** und **Ko Tao Info.** Die letzteren zwei haben brauchbare Karten.

Bangkok Post und The Nation sind die täglich erscheinenden englischsprachigen Zeitungen. Nicht immer leicht zu bekommen ist Der Farang (www.der-farang.com), die deutschsprachige Zeitung für Urlauber und Residenten in Thailand.

Meine Literaturtipps

> Tauchreiseführer Thailand, Von den Similans bis Ko Lanta, Frank Schneider, Kosmos Verlag, 2011. Alles zum Thema Tauchen in Thailand.
> Der Ko Samui Wellness-Guide, Andreas Brandt, Books on Demand, 2012. Über die Spas und Yogazentren der Insel.
> Kulturschock Thailand, Rainer Krack, REISE KNOW-HOW Verlag, 2011. Alles, was der Besucher Thailands über Land, Leute und Kultur wissen sollte.

Internet

So gut wie alle Resorts, Guest Houses und Bungalowunternehmen auf den Inseln haben inzwischen einen WiFi-Service oder zumindest einige PCs, die Gästen zur Verfügung stehen. Aus diesem Grund verschwinden immer mehr Internetcafés von den Hauptstraßen der Inseln. In teureren Resorts müssen Gäste oft separat eine Gebühr für die Benutzung zahlen. Dennoch muss man nicht allzu lange suchen – die meisten Reisebüros haben ein paar PCs, mit denen man seine E-Mails checken kann.

SIM-Karten sind preiswert (ab 1 Euro), eine Registrierung ist nicht nötig und Top-Up-Karten zu 10, 50, 100, 200 und 300 Baht gibt es in vielen Geschäften und jedem 7-Eleven zu kaufen. Einfach den Code auf der Karte ins Telefon eingeben und schon hat man den Kredit. Und 3G kommt demnächst auch nach Thailand.

Maße und Gewichte

Die in Thailand gebräuchlichen Maße und Gewichte folgen dem metrischen System, also Kilometer, Kilogramm, Liter etc. Ausnahmen bestehen bei Flächenangaben, zu denen oft alte thailändische Maße zu Hilfe genommen werden. Grundstücke oder andere große Areale werden meist in rai gemessen (1 rai = 1600 m²), die Wohnfläche von Häusern oder andere kleinere Flächen in Trang-Wah. Ein Trang-Wah oder „Quadrat-Wah" entspricht 4 m². Der Wah ist ein altes Längenmaß und entspricht vier „Ellen" (der Arm von den Fingerspitzen bis zum Ellenbogen), d. h. 2 m.

Gold wird in Baht gewogen, was in diesem Falle nicht mit der Währung zu verwechseln ist. 1 Baht sind 15 g. Der in den Fenstern der Juwelierläden angegebene Goldpreis bezieht sich immer auf 1 Baht. Der Baht ist in 4 Salüng unterteilt. Da Salüng somit so etwas wie „ein Viertel" bedeutet, wird oft auch die thailändische 25-Satang-Münze Salüng genannt.

Kilometer auf Thai ist schlicht Kilomet. 1 Kilomet besteht aus 1000 Met. Thais haben in der Regel nur ungefähre Vorstellungen von Entfernungen und wer Passanten nach der Entfernung zum Hotel So-und-So fragt, wird oft durch völlig falsche Angaben verwirrt.

Medizinische Versorgung

Ko Samui

Egal auf welcher Insel, wer einen schweren Motorradunfall hat, sollte sich so schnell wie möglich nach Ko

Praktische Reisetipps
Medizinische Versorgung

Samui ins **Samui International Hospital** oder nach Bangkok evakuieren lassen. Im Falle eines schweren Unfall sollte man auch die örtliche Polizei einschalten. Auf Ko Samui ist sie unter 077 430018 zu erreichen, auf Ko Phangan und Ko Tao sollte man im Notfall am besten entweder die Tourist Police Hotline 1155 oder den Notruf 191 anrufen.

› **Samui International Hospital** <194> Northern Chaweng Beach Road, 90/2 Moo 2, Chaweng, Tel. 077 230781, www.sih.co.th

Ko Phangan

Das **Ko Phangan Hospital** ist die beste Adresse im Falle eines Unfalls. Eine Rettungsservice, sprich Krankenwagen, gibt es auch unter Tel. 077 377500. Schwere Fälle werden von diesem Krankenhaus sofort nach Ko Samui verwiesen bzw. per Speedboat transportiert. Auch in Hat Rin gibt es zwei kleine Kliniken, die **Bandon Inter Clinic** und die **Haad Rin Inter Clinic** sowie Zahnärzte.

› **Ko Phangan Hospital** <195> Thong Sala, Tel. 077 377034

⌂ *Die Klinik Haad Rin*

› **Bandon Inter Clinic** <196> Hat Rin, Tel. 077 375471, www.bandonhospital samui.com
› **Haad Rin Inter Clinic** <197> Hat Rin, Tel. 077 375342

Ko Tao

Auf Ko Tao, besonders in Mae Haad und Sai Ri, gibt es eine Reihe kleiner Arztpraxen, die nur bei leichten Verletzungen/Erkrankungen adäquat sind.

› **Thai Inter Medical Clinic** <198> gegenüber der Post in Mae Haad, Tel. 085 7955699, 089-6476522, 24 Stunden geöffnet. Die beste Klinik und die einzige, die Röntgenaufnahmen machen kann, ist diese Klinik.

In den Apotheken Thailands gibt es alles, was man für die Reise braucht, sie sind auf allen Golfinseln zu finden. Auf Ko Samui ist die Kette **Morya Pharmacy** sehr verlässlich. Auf Ko Phangan ist die Kette **Noppon** zu empfehlen. Auf Ko Tao gibt es in Mae Haad auch eine Noppon Pharmacy, direkt an der Hauptstraße. Die Preise sind ungemein höher als auf dem Festland. Gefälschte Medikamente sind in Thailand unbekannt.

> **EXTRAINFO**
>
> ### Der Farang
>
> Farang werden wir genannt, wenn wir nach Thailand kommen: Ausländer europäischen Ursprungs werden so bezeichnet. Afrikaner werden oft Farang Dam (*dam* heißt auf Deutsch schwarz) genannt. Das Wort soll vom persischen *farangi* abstammen, was Ausländer bedeutet. Ursprünglich bezog sich das Wort auf den mitteleuropäischen Stamm der Franken. Die Frucht Guave wird übrigens von den Thais ebenfalls Farang genannt.

Praktische Reisetipps **117**

Mit Kindern unterwegs, Notfälle

Mit Kindern unterwegs

Kinder aus dem Ausland sind unendlich beliebt bei den Thais, was den Urlaub auch mit Babys einfacher macht. In Restaurants werden *farang*-Kinder von den Angestellten geradezu **verwöhnt**. Mit dem Essen sollte es auch keine großen Probleme geben, denn thailändische Kinder essen die scharfen, mit Chili gewürzten Speisen auch erst ab einem gewissen Alter. **Aufpassen** sollte man mit Eis in Getränken und ungewaschenem Obst. In den Supermärkten Ko Samuis gibt es alles zu kaufen, was Babys und Kinder im Urlaub brauchen und auch die kleineren Shops auf Ko Phangan und Ko Tao sind gut auf Familien aus dem Ausland eingestellt.

Museen gibt es auf den Inseln keine, dafür jede Menge **Tiershows**. In den kleinen privaten Zoos Thailands werden Tiere allerdings generell unter erbärmlichen Umständen gehalten und misshandelt, die Eltern müssen selbst entscheiden, ob sie ihre Kinder in derartige Etablissements lassen.

Keine Frage, die meisten Kinder lieben **Strände** und daher sind die Golfinseln auch genau richtig für Familienurlaube. Auf Koi Samui sind wohl Mae Nam und Bo Phut am kinderfreundlichsten. Auf Ko Phangan finden sich die ruhigen Ecken bei Hat Yao und Chalok Lam und im Nordosten der Insel. Auf Ko Tao sind vor allem die besseren Resorts nahe Mae Haad für Kinder geeignet.

Kinder ab 10 Jahren können bereits mit der Organisation PADI **Tauchkurse** absolvieren.

Notfälle

› **Notruf:** Tel. 191
› **Tourist Police Ko Samui:** Tel. 077 430018
› **Tourist Police Hotline:** Tel. 1155
› **Samui International Hospital:** Tel. 077 230781 (s. S. 116)
› **Ko Phangan Rettungsservice:** Tel. 077 377500

Ein Junge hat seinen Spaß am Mae Haad auf Ko Tao

Praktische Reisetipps
Öffnungszeiten

> Ko Phangan Krankenhaus:
  Tel. 077 377034
> Ko Tao Thai Inter Medical Clinic:
  Tel. 085 7955699, 089 6476522

Verlust von Geldkarten

Bei Verlust der Maestro-(EC-) oder der Kreditkarte gibt es für Kartensperrungen eine deutsche Zentralnummer (unbedingt vor der Reise klären, ob die eigene Bank diesem Notrufsystem angeschlossen ist).

In Österreich und der Schweiz gibt es keine zentrale Sperrnummer, daher sollten sich Besitzer von in diesen Ländern ausgestellten Maestro-(EC-) oder Kreditkarten vor der Abreise bei ihrem Kreditinstitut über den zuständigen Sperrnotruf informieren.

Generell sollte man sich immer die wichtigsten Daten wie Kartennummer und Ausstellungsdatum separat notieren, da diese unter Umständen abgefragt werden.

> **Deutscher Sperrnotruf:**
  Tel. +49 116116 oder
  Tel. +49 3040504050
> **Weitere Infos:** www.kartensicherheit.de,
  www.sperr-notruf.de

Verlust von Reiseschecks

Nur wenn man den **Kaufbeleg mit den Seriennummern** der Reiseschecks sowie den Polizeibericht vorlegen kann, wird der Geldbetrag von einer größeren Bank vor Ort binnen 24 Stunden zurückerstattet. Also muss der Verlust oder Diebstahl umgehend bei der örtlichen Polizei und zugleich auch bei American Express bzw. Travelex/Thomas Cook gemeldet werden. Die Rufnummer für ihr Reiseland steht auf der Notrufkarte, die Sie mit den Reiseschecks bekommen haben.

Ausweisverlust, dringender Notfall

Wird der Reisepass oder Personalausweis im Ausland gestohlen, muss man den Verlust bei der örtlichen Polizei melden. Darüber hinaus sollte man sich an die nächste diplomatische Auslandsvertretung seines Landes wenden, damit man einen **Ersatz-Reiseausweis** für die Rückkehr ausgestellt bekommt (ohne kommt man nicht an Bord eines Flugzeugs!). Auch in **dringenden Notfällen** sind die Auslandsvertretungen bemüht, vermittelnd zu helfen. Man sollte beachten, dass die Vertretungen gegen Mittag für den Kundenverkehr schließen.

Öffnungszeiten

Ämter haben generell 8.30–16.30 Uhr unter der Woche geöffnet. **Banken** öffnen ebenfalls montags bis freitags 9.30–15.30 Uhr (Geldautomaten stehen rund um die Uhr zur Verfügung). Die **Post** ist unter der Woche 8.30–16.30, samstags 9–12 Uhr geöffnet. **Geschäfte** haben 10–18 Uhr offen, **Supermärkte und Shoppingzentren** bis später in den Abend. In Kleinstädten sind die Geschäfte sonntags geschlossen. Die Öffnungszeiten der Restaurants variieren – normalerweise haben sie von 10 bis 22 Uhr geöffnet. Manche Restaurants sind allerdings nur von früh morgens (8 Uhr) bis mittags offen. Bars haben offiziell von 18 Uhr bis Mitternacht geöffnet, Discos 20–2 Uhr und Klubs mit Live-Musik 18–1 Uhr. Schließzeiten variieren, je nachdem wie die Polizei in der Gegend arbeitet. An Wahltagen und buddhistischen Feiertagen haben sämtliche Bars, Discos und Klubs geschlossen.

Post

Die thailändische Post ist im Allgemeinen **recht zuverlässig**, zumindest was Briefe und Postkarten angeht: Was abgeschickt wurde, kommt meist auch an.

Etwas schlechter sieht es bei Päckchen oder Paketen aus. Deren Inhalt scheint einige Postler zu interessieren und es kommt zunehmend zu **Klagen über verloren gegangene Sendungen** oder solche, bei denen etwas herausgenommen wurde. Wichtige Sendungen sollten deshalb unbedingt per Einschreiben geschickt werden.

Es ist nicht nötig, Postkarten oder Briefe vor den Augen abstempeln zu lassen, wie in einigen anderen asiatischen Ländern, wo die **Briefmarken** abgelöst und wiederverkauft werden. Einige Marken kleben jedoch schlecht und Vielschreiber sollten sich Klebstoff zulegen.

Ein Brief von Ko Samui nach Westeuropa ist selten länger als 10 Tage **unterwegs**, umgekehrt sind es oft nur 8 Tage.

Briefe kann man sich auch **postlagernd** schicken lassen, am besten zum G.P.O. *(General Post Office)* in Bangkok. Den Briefen ist ein deutliches **poste restante** aufzumalen, und wer sie abholt, sollte die Beamten bitten, sowohl unter dem Vor- als auch dem Nachnamen nachzusehen, da die Briefe oft falsch einsortiert werden.

In Thailand eingehende **Pakete** werden gelegentlich vom **Zoll** kontrolliert und müssen am der Empfängeradresse nächstgelegenen Postamt abgeholt und auch verzollt werden. Postsendungen nach Thailand bis zu einem Wert von 1000 Baht sind zollfrei.

Schwule und Lesben

Thailand hat an sich keine „Szene", weil Homosexuelle kaum diskriminiert werden. Das ist auch auf den Golfinseln so. Künstler, Politiker und zahllose Menschen im öffentlichen Leben sind offensichtlich schwul (oder zu einem geringeren Grad), lesbisch und mehr oder weniger in die Gesellschaft integriert. Dazu kommen die **Kateoys, die Ladyboys Thailands** – Transvestiten und Transsexuelle – die neben den bekannten Kabarett-Shows auf Ko Samui auch sonst überall eine Präsenz haben, auch in ganz normalen Jobs wie im Supermarkt hinter der Kasse. Besonders homofreundliche Unterkünfte auf den Golfinseln gibt es derzeit noch nicht.

❯ Weitere Infos bei www.utopia-asia.com und www.purpledrag.com.

Sicherheit

Die **Kriminalitätsrate** ist in den letzten Jahren infolge der zunehmenden „Vermaterialisierung" der Gesellschaft stark gestiegen. In der Jugendkriminalität spielt die Sucht nach *yaa-baa* (Amphetaminen) eine große Rolle.

Auch auf den Inseln im Golf von Thailand kommt es immer mehr zu Gewalttaten von Einheimischen gegen Touristen – nicht immer tragen dabei die Thais die alleinige Schuld. Der starke Alkoholkonsum vieler Besucher führt oft zu kulturellen Missverständnissen, die dann schnell auch mal in Auseinandersetzungen übergehen. Auch unter Touristen kommt es gelegentlich zu Gewalttaten und Diebstählen. Denken Sie daran, dass Sie mit Ihrer Reisekasse – auch wenn Sie sie selbst eher für spärlich halten – ein lohnenswertes Opfer darstellen!

Praktische Reisetipps
Sicherheit

Sicherheitstipps

Auch auf die eigene Sicherheit muss geachtet werden. Grundsätzlich sollte man sich nicht allein in abgelegenen Gebieten herumtreiben und auch nächtliche Spaziergänge an ruhigen Stränden sind nicht mehr so sicher, wie seinst. Besonders Frauen sollten auf den Inseln nachts vorsichtig sein, nicht allein im Wald oder am Strand laufen und während der Full Moon Party of Ko Phangan nicht zu viel trinken. Auf Ko Samui gilt es, in den Gegenden Chaweng und Lamai spät abends vorsichtig zu sein. Auf Ko Tao ist das Risiko wohl um Sai Ri am größten. Bungalows sind, egal auf welcher Insel und ob man gerade darin schläft oder sie verlässt, unbedingt abzuschließen.

Unterwegs mit öffentlichen Verkehrsmitteln

Gelegentlich werden die **Züge und Busse** zu den Inseln von Ganoven unsicher gemacht, die Touristen zu einem Drink oder Imbiss einladen, von dem sie erst Stunden später das Bewusstsein wiedererlangen. Auch in den Hostessen-Bars der Inseln soll das vorkommen. Die Aufmerksamkeiten wurden durch ein wohldosiertes **Schlafmittel** verfeinert! Dass die Reisenden dann bis aufs Hemd ausgeplündert sind, versteht sich von selbst.

Reisebüros

Wiederholt ist es in den letzten Jahren zu Fällen gekommen, in denen Reisebüros ihre Kunden um deren **Anzahlungen** prellten. Manch Reisebüro-Leiter kassierte die Anzahlungen von Dutzenden von Travellern ab, machte am nächsten Tag seinen Laden dicht und tauchte bei einem Vet-

ter auf dem Lande unter. Die Klagen bei der Polizei führen in der Regel zu nichts, das Geld ist weg.

Um derlei zu vermeiden, sollte man nur sehr geringe Anzahlungen leisten. 500 Baht sollten ausreichen. Verständlicherweise will sich das Reisebüro versichern, dass der Kunde das bestellte Ticket tatsächlich kauft. Falls das Reisebüro sich jedoch auf eine kleine Anzahlung nicht einlässt, sollte man zum nächsten gehen!

Angebote

In vielen Touristengegenden treiben Gauner ihr Unwesen, die naiven Reisenden scheinbar verlockende Angebote machen: Da soll etwa ein **Werbefilm** für Coca-Cola gedreht werden und man sucht noch einen westlichen Hauptdarsteller oder der Tourist soll in einer **Pokerrunde** mitmachen, für die man ihn erst einmal mit 10.000 Dollar ausstattet. Bei all diesen dubiosen Angeboten entwickelt sich im Normalfall ein so ausgeklügelter Plot, dass der Tourist am Ende mit seinem Geld draufzahlt!

Katoeys

Thailands berühmt-berüchtigte *Katoeys* sind Transsexuelle oder Transvestiten, die Frauen oft zum Verwechseln ähnlich sehen und diese Tatsache für diverse Machenschaften ausnutzen. Viele Katoeys machen mit Vorliebe männliche Touristen an, um sich ein paar schnelle Baht zu verdienen, sei dies durch gewisse „Dienstleistungen" oder auch durch **Räubereien.**

Diebstahl

Nicht nur von (einer Minderheit von) Einheimischen werden Diebstähle begangen, sondern auch **von Travellern. Wertsachen** sollte man (ge-

Praktische Reisetipps 121
Sicherheit

gen Quittung!) im Hotelsafe lassen, das scheint am sichersten.

Erhöhte Aufmerksamkeit gilt auf **Märkten, in Kaufhäusern und Bussen.** Hier ist es in den letzten Jahren zu einem Anstieg von **Taschendiebstählen** gekommen. Zur Vorbeugung sollten Geldbörse und Papiere so sicher wie möglich verstaut sein: in Brustbeutel und Geldgürtel, solange man diese nicht sieht oder als solche erkennt. Andernfalls kann man die Wertsachen gut getarnt in eine Umhängetasche stecken. Sich ein Versteck auszudenken und auch zu benutzen ist allemal besser, als nach einem Verlust Botschaft, Bank und Airline abklappern zu müssen.

Überfälle

Überfälle auf Touristen sind relativ selten, aber nicht unbekannt. Von nächtlichen Spaziergängen an Stränden ist unbedingt abzuraten. Als Motorradfahrer sollte man abgelegene Teile der Inseln nachts meiden.

Bei einem Überfall gilt es, auf keinen Fall den Helden spielen zu wollen. Manche Banditen haben **Schusswaffen** und machen auch skrupellos Gebrauch davon.

Alleinreisende Frauen

Generell gesagt ist Thailand für alleinreisende Frauen **eines der sichersten Länder Asiens.** Belästigungen auf offener Straße sind weitaus seltener als etwa in Indien, Indonesien und wohl auch Malaysia. Was aber nicht heißt, dass derlei nicht vorkäme. Einige Frauen berichten von dümmlicher Anmache oder, sehr selten, Grapschereien.

Die meisten Frauen bekommen aber keinerlei Probleme und das mag sie zu der Ansicht führen, dass Thailand absolut sicher sei. Doch dieses Gefühl von Sicherheit ist gefährlich, wenn es zum Nachlassen der Aufmerksamkeit führt. Einige **Sicherheitsregeln** sollten beachtet werden.

Ganz allgemein ist von allzu großer Vertrauensseligkeit abzuraten; nicht jedes freundliche Gesicht hat lautere Motive. Zimmertüren sollten nachts gut verschlossen werden. Es empfiehlt sich auch, abends und nachts einsame Gegenden zu meiden und gänzlich menschenleere Gebiete völlig auszulassen, egal zu welcher Tageszeit.

In den letzten Jahren ist es auf den Inseln zu einigen **brutalen Überfällen auf Frauen** gekommen, bis hin zu Mord. In den meisten Fällen hatten sich die Frauen nachts an einem Strand aufgehalten. In einigen Fällen wurde ihnen in einer Bar oder von einem flüchtigen Bekannten ein **Betäubungsmittel** verabreicht. Strände sind kein nächtlicher Aufenthaltsort – auch nicht für Männer – und „frau" sollte nicht jeder flüchtigen Bekanntschaft gleich allzu sehr trauen. Touristenorte ziehen oft dubiose Charaktere an. Die Thais, die man an Orten wie Lamai oder Chaweng trifft, sind nicht unbedingt die typischen Vertreter der biederen und ehrlichen thailändischen Mittelklasse. Dessen sollte sich „frau" ebenso wie „mann" bewusst sein. Auch bei der Full Moon Party auf Ko Phangan sollten alleinreisende Frauen unbedingt darauf achten, nicht zu viel zu trinken.

Bei Straftaten ist am besten die **Tourist Police** einzuschalten, die im Großen und Ganzen etwas zuverlässiger arbeitet als die normale Polizei.

Polizei und Korruption

Die Polizei ist – jeder Thai weiß es aus eigener Erfahrung – **in hohem Maße korrupt**, und viele Straftaten

Praktische Reisetipps
Sicherheit

werden von den wackeren Ordnungshütern selbst begangen. Völlig unkorrupte Polizisten sind die absolute Ausnahme, manche Thais würden sogar behaupten, es gäbe überhaupt keine. **Die Polizei verdient mit** beim Rauschgifthandel, bei Prostitution, Erpressung und Menschenhandel.

Polizisten, deren Missetaten publik werden, werden in den seltensten Fällen bestraft, sondern lediglich versetzt. Diese unangebrachte Milde ist ein Ergebnis des thailändischen **Systems der „Patronage"**, in dem Vorgesetzte ihre Untergebenen stets in allen Taten und Untaten decken; dafür erwarten sie ihrerseits unbedingte Ergebenheit.

Ernsthafte **Anstrengungen, die Korruption einzudämmen,** sind trotz vieler Versprechungen der jeweiligen Regierungen und einer neuen Verfassung, die gerade die Korruption bekämpfen sollte, bisher noch nicht unternommen worden. Thailand rühmt sich zwar, das „Land der Freien" zu sein (*thai* = „frei"), in der Praxis aber ist der Durchschnitts-Thai allzu oft der Willkür erpresserischer Polizisten oder sonstiger Beamter ausgeliefert. Tatsächlich „frei" ist nur der, der Geld oder politischen Einfluss hat und der dadurch so gut wie unantastbar ist.

Touristen sind in der Regel nicht von dem Problem betroffen, mit wenigen Ausnahmen: Gelegentlich macht die Polizei Jagd auf Touristen, die Zigarettenkippen oder Papierschnipsel auf die Straße werfen. Dafür werden überhöhte 2000 Baht abkassiert; Thais zahlen für dasselbe Vergehen nicht mehr als 100 Baht. Der Verdacht liegt natürlich nahe, dass die Strafgelder in den privaten Taschen der Polizisten landen.

Auf Ko Samui und Ko Phangan stellt die Polizei gerne **Motorrad fah-**rende Touristen nach, um sie entweder wegen fehlenden Schutzhelms (es besteht Helmpflicht) oder aufgrund irgendeines anderen echten oder imaginären Vergehens über Gebühr zu bestrafen.

Ansonsten werden Ausländer im Allgemeinen nicht behelligt. Falls doch, sollte man sich erstens **nicht einschüchtern lassen** und keine unberechtigten „Strafgelder" zahlen und zweitens möglichst unverständliches oder sehr schnelles **Englisch sprechen** (oder Deutsch!). Nur sehr wenige Polizisten haben englische Grundkenntnisse und bei Sprachproblemen verlieren sie „ihr Gesicht" und ziehen sich zurück. Etwaige Beschwerden gegen Polizisten können bei der als zuverlässiger geltenden **Tourist Police** vorgebracht werden. Wie die Polizei sind auch fast alle anderen staatlichen Stellen von Korruption durchsetzt. Die meisten Thais sind der Korruption mittlerweile völlig überdrüssig geworden, aber kaum jemand glaubt, dass sie in absehbarer Zukunft eingedämmt werden kann.

Drogen

Thailand hat **sehr harte Drogengesetze.** Dem Dealer und Konsumenten drohen hohe Strafen, auch die **Todesstrafe** wird ausgesprochen. Bei Ausländern wird diese in der Regel in eine lebenslängliche Haftstrafe umgewandelt, doch das sollte kein Trost sein.

Weiter verbreitet als jede andere Droge sind **Amphetamine,** die in fast allen Gesellschaftsschichten konsumiert werden. Besonders beliebt sind sie bei Schülern, Arbeitern und – allen voran – Bus- und Lastwagenfahrern. Die aufputschende Wirkung hält die Fahrer lange wach. Der Dauergebrauch von Amphetaminen kann

Praktische Reisetipps
Sprache

Wahnzustände auslösen und nicht umsonst sind die thailändischen Zeitungen voll mit Berichten von Irrsinnstaten, die unter Einfluss der Drogen begangen wurden. Aus diesem Grunde wird die Droge landläufig oft *yaa-baa* genannt, „verrückte Medizin".

Viel seltener als *yaa-baa* sind **magic mushrooms**, psychedelische Pilze. Besonders in den Hütten von Ko Phangan verspeisten manche Traveller gern ein Omelett mit besagten Pilzen.

Auf Ko Phangan, Ko Tao und in Pai werden Touristen ebenfalls regelmäßig auf der Straße **durchsucht**. Wer auch nur mit einem kleinsten Krümel **Marihuana** erwischt wird, hat hohe „Strafen" zu zahlen. Oft kommt der Tourist gar nicht auf die Wache, sondern wird mit seiner Kreditkarte zum nächsten Geldautomaten geschleppt.

Prostitution

Gemäß verschiedener Schätzungen gibt es in Thailand einige Hunderttausend bis gar zwei Millionen Prostituierte. Realistisch betrachtet dürfte die Zahl bei bis zu 500.000 liegen. Übrigens: **Prostitution ist in Thailand illegal.**

Der Geschlechtsakt **mit Minderjährigen (d. h. unter 18 Jahren) ist verboten** und wird mit **Gefängnis** bestraft. Unter Thais bleibt die Aktion in den allermeisten Fällen ungeahndet, an Ausländern wird aber gerne ein Exempel statuiert.

Die Prostituierten, die auf Ausländer abzielen, sind meist entweder Bargirls in den einschlägigen Bars auf den Golfinseln oder aber sogenannte **freelancer.** Die freelancer sind im Grunde gewiefte Geschäftsfrauen, die ihr einziges Gut und Können so teuer wie möglich verkaufen. Sie werden nicht von Zuhältern kontrolliert;

KURZ & KNAPP

Warnung: Keine Hilfe der eigenen Botschaft für Touristen, die gegen örtliche Gesetze verstoßen! Wer auf den Inseln mit Drogen erwischt wird oder in eine dumme Situation mit Prostituierten gerät und verhaftet wird, sollte keine Hilfe vom heimischen Konsulat erwarten. Allein in Fällen, in denen der Ausländer nicht gegen ein lokales Gesetz verstoßen hat, schaltet sich die Botschaft nach einem Hilferuf eventuell ein.

---

im Hintergrund lauert allerdings oft ein Boyfriend, der von den Mädchen meist freiwillig mitversorgt wird. Freelancer finden sich in zahlreichen Discos oder Klubs. Nicht wenige von ihnen geben sich als normale Frauen aus, die zufällig mal auf ein Bier ausgegangen sind; andere machen aus ihren kommerziellen Absichten keinen Hehl.

Im Zeitalter von AIDS haben die anderen Geschlechtskrankheiten ihren Schrecken etwas verloren, sind aber dennoch sehr präsent.

Sprache

Die offizielle Landessprache Thailands ist **Thai** *(phasa thai),* das der sino-tibetischen Sprachfamilie zuzuordnen ist. Ein erheblicher Wortschatz stammt zudem aus dem Sanskrit, dessen Ableger **Pali** auch heute noch die heilige Sprache der Buddhisten ist.

Was das Thai für europäische Zungen und Ohren so schwierig macht, sind die darin vorkommenden **fünf verschiedenen Tonhöhen oder Tonfälle.** Ein Wort kann praktisch fünf

Praktische Reisetipps
Touren, Telefonieren

verschiedene Bedeutungen haben, je nachdem in welchem Tonfall es gesprochen wird. Die Tonfälle können sein: Steigend, fallend, steigend und dann abfallend, abfallend und dann steigend oder gleichbleibend.

Für jemanden, der länger im Lande bleiben will, sind elementare Thai-Kenntnisse ein Muss: Nur wenige Leute außerhalb der Touristengettos sprechen Englisch, Deutsch spricht fast niemand. Die **Thai-Schrift** wird seit dem 13. Jahrhundert verwendet und wurde von König Ramkamhaeng aus der Devnagari-Schrift entwickelt, in der Sanskrit geschrieben wurde. Da es schwierig ist, Thai-Begriffe in unser Schriftsystem zu transkribieren, kommt es immer wieder zu den verschiedensten Schreibweisen für ein und dasselbe Thai-Wort. Dieses ist zu beachten, wenn sich gelegentlich Orts- oder Eigennamen in diesem Reiseführer nicht exakt mit den korrespondierenden Wörtern in anderen Büchern decken.

Kajaktour im Ang-Thong-Nationalpark

Touren

Inseltouren gibt es nur auf Ko Samui. Auf Ko Phangan und Ko Tao werden allenfalls Schnorcheltouren angeboten. Details sind in den jeweiligen Kapiteln zu finden.

Telefonieren

Orts- und Inlandsgespräche: Gespräche innerhalb Thailands können von den grünen **Telefonkarten-Automaten** geführt werden (Telefonzellen mit grünem Dach und Aufschrift „Cardphone"). Die Telefonkarten für Orts- und Inlandsgespräche sind nicht dieselben wie die für Auslandsgespräche. Die allmählich aussterbenden **Münzautomaten** sind in Telefonzellen mit blauem Dach untergebracht und nehmen 1- und 5-Baht-Münzen an. Ein Ortsgespräch von einer Minute kostet 3 Baht.

Auslandsgespräche: Von gelben Telefonkarten-Automaten (Zelle mit gelbem Dach) können Gespräche ins Ausland geführt werden. Die dazu be-

Praktische Reisetipps

Trinkgeld, Uhrzeit, Unterkunft

nutzten Telefonkarten gibt es zwar überall zu kaufen, leider funktionieren aber viele Apparate nicht. Auslandsgespräche können auch von besseren Hotels, Postämtern und den sich stetig vermehrenden, privaten Telecommunication Offices geführt werden. Mit die **preiswertesten Möglichkeiten** bieten Internetcafés, in denen Skype genutzt werden kann.

Wer ein **Mobiltelefon** hat, kann sich in 7-Eleven-Läden eine *international calling card* zulegen, mit der teilweise noch Gespräche gegen recht geringe Gebühren möglich sind. Bei diesen muss vor der Nummer des anzurufenden Teilnehmers eine auf der Karte angegebene Code-Nummer eingegeben werden.

Bei Auslandsgesprächen muss die **001** vorgewählt werden, dann die Landeskennziffer ohne Nullen (49 für Deutschland), dann die Ortskennzahl ohne die voranstehende Null, dann die Nummer des Teilnehmers.

Falls das eigene Mobiltelefon SIM-lock-frei ist und man viele Telefonate innerhalb Thailands führen möchte, kann man eine **örtliche Prepaid-SIM-Karte** erstehen. SIM-Karten kosten ca. 50 bis 300 Baht. Das Handy kann dann mit Telefonkarten, die es in jedem 7-Eleven zu kaufen gibt, je nach Bedarf aufgeladen werden.

Funklöcher gibt es aufgrund geografischer Gegebenheiten an manchen abgelegenen Stränden.

Ortsgespräche kosten bei den Prepaid-Anbietern ca. 1 bis 3 Baht/Min., Auslandsgespräche ca. 15 bis 20 Baht/Min.

Faxe lassen sich von zahlreichen privat betriebenen Communication Centers aus schicken, die sich in den meisten Touristengegenden finden. Das Faxen einer DIN A4-Seite nach Deutschland kostet ca. 30–50 Baht.

Trinkgeld

In besseren Restaurants sollte man Trinkgeld (ca. 10 % der Rechnung) geben. Bei Straßenständen, auf Nachtmärkten und in kleinen Straßenrestaurants wird dies nicht erwartet. In besseren Hotels verhält sich dies ähnlich, während in Guest Houses generell keine Trinkgelder erwartet werden. Wer in Bars mit Hostessen trinkt, sollte diesen Getränke kaufen, das macht einen Teil des Gehalts der Damen aus.

Uhrzeit

Thailand ist uns sechs Stunden voraus. Sommerzeit gibt es nicht. Das bedeutet, dass Thailand uns während unserer Sommerzeit nur fünf Stunden voraus ist.

Unterkunft

Auf den Inseln im Golf von Thailand gibt es Unterkünfte für jedes Budget. **Ko Samui** ist die teuerste der drei Inseln – hier verbringen meist Pauschaltouristen ihren Urlaub und die Resortanlagen liegen dementsprechend in gehobenen Preislagen. Allerdings ist es auch auf Samui noch möglich, für Individualreisende eine bescheidene Unterkunft zu finden. Mit einfachen Bambushütten ist es allerdings vorbei. Auf **Ko Phangan** wohnen die meisten Besucher in einfachen bis luxiösen Bungalowanlagen, die allerdings deutlich preiswerter sind als auf Ko Samui. Auch hier zeichnet sich langsam ein Trend in Richtung Boutique Resorts ab, aber die Insel ist so groß, dass in den nächsten Jahren weiterhin für alle

Verhaltenstipps

möglichen Gäste ansprechende Unterkünfte zur Verfügung stehen werden. Auf **Ko Tao** sieht es derzeit ähnlich aus wie auf Ko Phangan. Hier und da sind Ferienvillen, meist in den oberen Preisklassen, anzumieten. Studentenunterkünfte, Jugendherbergen und Campingplätze gibt es nicht.

Wer seine Unterkunft pauschal von zu Hause buchen will, kann dies über eine Website wie www.booking.com, www.agoda.co.th, www.hotels.com tun. Ansonsten bei kleineren Resorts einfach vorher anrufen und ein Zimmer buchen.

Die Statue des Königs Rama V. am Than-Sadet-Wasserfall auf Ko Phangan

Motorroller auf Ko Samui

Thais sind Ausländern gegenüber in der Regel sehr tolerant und werden Fehler, die der Reisende unwissentlich begeht, gerne übersehen. *„Mai pen rai!"* heißt die vielgehörte Floskel, „Das macht doch nichts!"

Ein mildes Lächeln auf den Lippen gehört zum Alltags-Habitus der Thais, was ihrem Land den etwas überstrapazierten Namen **„Land des Lächelns"** (in Landessprache *Siam Yiim*, „Lächelndes Siam") eingetragen hat. Man sollte sich aber im Klaren darüber sein, dass das Lächeln oft nur eine rituelle Funktion hat, z. B. um das Gegenüber zu besänftigen, Konflikte zu vermeiden oder um zufrieden und ausgeglichen zu wirken.

Thailand befindet sich zurzeit in einem Rausch nach Geld und Gut, die

Gesellschaft hat sich sehr „vermaterialisiert". Der plötzliche Sprung von der Agrar- zur Beinahe-Industriegesellschaft ist dem Land – zumindest was die ethisch-moralischen Werte anbelangt – nicht sehr gut bekommen.

Größere **Konflikte oder Auseinandersetzungen** sind dennoch nicht zu befürchten. Die Thais sind Fremden gegenüber sehr zurückhaltend (wie untereinander auch). **Belästigungen** sind extrem **rar**. Allein schon die Verständigungsprobleme (nur wenige Thais sprechen Englisch) lassen die meisten eine distanzierte Haltung Ausländern gegenüber einnehmen.

Respekt gegenüber religiösen Empfindungen: Jede Religion ist durch das Gesetz geschützt und der König ist der Schutzherr eines jeden Glaubens. Eine Handlung, die eine Religion beleidigt, kann mit Gefängnisstrafe geahndet werden.

Einer Buddhafigur oder anderen Bildern von Göttern oder verehrten Mönchen ist Respekt zu zollen; die mutwillige **Verunglimpfung des Buddha** ist eines der übelsten Vergehen, dessen man sich schuldig machen kann.

Mönche genießen ein hohes Ansehen in Thailand, und einer alten Tradition zufolge sollte jeder Junge oder Mann mindestens 3 Monate seines Lebens in einem Kloster verbracht haben. Dort erlernt er die Meditation und studiert die in Pali verfassten heiligen Schriften. **Frauen** dürfen Mönche nicht berühren oder ihnen keine Gegenstände oder Essen direkt übergeben. Die Frau muss den Gegenstand erst einem Mann überreichen, der ihn dann dem Mönch weitergibt. Oder aber der Mönch breitet ein Stück seiner safran-farbenen Robe aus, worein die Frau den Gegenstand legt. In **öffentlichen Bussen** sitzen Mönche meist in der letzten Reihe (zum halben Preis oder kostenlos), man muss von dort aufstehen, falls Mönche einsteigen.

Die **königliche Familie**, insbesondere König Bhumipol (Thai-Aussprache: *Phumipon),* wird von allen Thais verehrt und geliebt. Die Porträts von König und Königin zieren die meisten Wohnhäuser und Geschäfte. **Majestätsbeleidigung** ist ein schweres Vergehen, das mit Gefängnis bestraft wird. Der Reisende sollten es so halten wie die Thais: Am besten das **Thema Königshaus** gänzlich meiden, denn eine unbedachte oder missverstandene Bemerkung kann eine Menge Ärger einbringen.

Verkehrsmittel

Um zu den Inseln im Golf von Thailand zu gelangen, gibt es verschiedene Möglichkeiten. Ko Samui hat einen **internationalen Flughafen**, der von Bangkok Air (www.bangkokair.com) und Thai Airways (www.thaiairways.com) angeflogen wird. Auf Ko Phangan wird Ende 2013 ein kleinerer Flugplatz eröffnen.

Praktische Reisetipps
Verkehrsmittel

Die Alternative zu den Fliegern sind diverse **Fähren**, die von einem Pier in Chumphon und mehreren Piers bei Surat Thani ablegen. Es ist möglich, nach Chumphon mit Solar Air (www.solarair.co.th) zu fliegen, nach Surat Thani mit Air Asia (www.airasia.com) und Nok Air (www.nokair.com).

Außerdem ist es möglich, mit dem Zug nach Chumphon oder Surat Thani zu reisen oder in Bangkok gleich ein **Kombiticket** zu erstehen, das den Zug und den Transfer zu den Inseln beinhaltet (www.railway.co.th/home). Auch mit dem **Bus** kann man ab dem Southern Bus Terminal, auf Thai *Sai Tai Mai,* (Phutthamonthon Soi 1, Thonburi) direkt zu den Inseln fahren, die Fähre ist in den Kombi-Bus-Tickets inbegriffen. Tickets gibt es auf der Khao San Road und bei jedem Reisebüro. Von Chumphon fahren die Fähren der Firma **Lomprayah** zu den Inseln (www.lomprayah.com), ab Surat Thani die Firmen **Raja** (Autofähren), **Songserm** und **Seatran** (Fahrpläne s. S. 129).

Auf allen Inseln ist es möglich, Motorräder zu mieten, auf Ko Samui und Ko Phangan zudem Jeeps oder Autos. Wer nicht selbst fahren will, kann auf Ko Samui ein Taxi nehmen, während auf Ko Phangan Songtheaws und auf Ko Tao Pick-ups für den öffentlichen Transport da sind. Auf Ko Phangan und Ko Tao kann man außerdem mit schnellen, kleinen Langschwanzbooten von Strand zu Strand zu kommen.

▷ *Eine Fähre verlässt Ko Phangan*

▽ *Langschwanzboot im Ang-Thong-Nationalpark*

Praktische Reisetipps
Verkehrsmittel

Fähren von Lomprayah mit Bustransfers

von	nach	Abfahrt	Ankunft
Ko Tao	Ko Phangan	9.30 Uhr	10.45 Uhr
	Ko Samui	9.30 Uhr	11.20 Uhr
	Chumporn	10.15 Uhr	11.45 Uhr
	Huahin/Bangkok	10.15 Uhr	17/20.30 Uhr
	Ko Phangan	15 Uhr	16.10 Uhr
	Ko Samui	15 Uhr	16.40 Uhr
	Chumporn	14.45 Uhr	16.30 Uhr
	Huahin/Bangkok	14.45 Uhr	21.30/0.30 Uhr

von	nach	Abfahrt	Ankunft
Ko Phangan	Ko Samui (Nathon)	7.15 Uhr	7.45 Uhr
	Ko Samui (Nathon)	12 Uhr	12.30 Uhr
	Ko Tao	8.30 Uhr	9.45 Uhr
	Chumporn	8.30 Uhr	11.45 Uhr
	Huahin/Bangkok	8.30 Uhr	17/20.30 Uhr
	Ko Samui	11 Uhr	11.20 Uhr
	Ko Tao	13 Uhr	14.15 Uhr
	Chumporn	13 Uhr	16.30 Uhr
	Huahin/Bangkok	13 Uhr	21.30/0.30 Uhr
	Ko Samui	16.20 Uhr	16.40 Uhr

von	nach	Abfahrt	Ankunft
Ko Samui	Ko Phangan	8 Uhr	8.20 Uhr
	Ko Tao	8 Uhr	9.45 Uhr
	Chumporn	8 Uhr	11.45 Uhr
	Huahin/Bangkok	8 Uhr	17/20.30 Uhr
	Ko Phangan	12.30 Uhr	12.50 Uhr
	Ko Tao	12.30 Uhr	14.15 Uhr
	Chumporn	12.30 Uhr	16.30 Uhr
	Huahin/Bangkok	12.30 Uhr	21.30/0.30 Uhr
	Ko Phangan	17 Uhr	17.30 Uhr

Praktische Reisetipps
Verkehrsmittel

Fähren von Raja

von	nach
Don Sak	Ko Samui
5 Uhr	6.30 Uhr
	dann stündlich
	bis 19 Uhr

von	nach
Ko Samui	Don Sak
5 Uhr	6.30 Uhr
	dann stündlich
	bis 18 Uhr

von	nach
Don Sak	Ko Phangan
7 Uhr	9.30
10 Uhr	12.30
13 Uhr	15.30
16 Uhr	18.30
18 Uhr	20.30

von	nach
Ko Phangan	Don Sak
5 Uhr	7.30 Uhr
7 Uhr	9.30 Uhr
10 Uhr	12.30 Uhr
13 Uhr	15.30 Uhr
17 Uhr	19.30 Uhr

Fähren von Seatran

von	nach	nach
Ko Tao	Ko Phangan	Ko Samui
9.30 Uhr	11 Uhr	11.30 Uhr
15 Uhr	16.30 Uhr	17 Uhr

von	nach	nach
Ko Samui	Ko Phangan	Ko Tao
8 Uhr	8.30 Uhr	10 Uhr
13.30 Uhr	14 Uhr	15.30 Uhr

Die Seatran-Fähren fahren außerdem stündlich ab 6 Uhr morgens von Don Sak (nahe Surat Thani) nach Ko Samui.

Die Fahrtzeit beträgt 90 Minuten, die letzte Fähre fährt um 19 Uhr. Von Ko Samui geht das erste Schiff schon um 5 Uhr, das letzte um 18 Uhr.

Fähren von Songserm

von	nach
Surat Thani	Ko Samui
8 Uhr	10.30 Uhr
Ko Samui	Surat Thani
14 Uhr	15.30 Uhr

von	nach
Ko Samui	Ko Phangan
9 Uhr	9.30 Uhr
11 Uhr	11.30 Uhr
17 Uhr	17.20 Uhr

Ko Phangan	Ko Samui
6.30 Uhr	7 Uhr
12.30 Uhr	13 Uhr
16 Uhr	16.30 Uhr

Surat Thani	Ko Phangan
8 Uhr	10.30 Uhr

Ko Phangan	Surat Thani
12.30 Uhr	15 Uhr

von	nach	nach
Chumphon	Ko Tao	Ko Phangan
7 Uhr	9.30 Uhr	11.30 Uhr

Ko Phangan	Ko Tao	Chumphon
12.30 Uhr	14.30 Uhr	17 Uhr

Versicherungen

Egal, welche Versicherungen man abschließt, hier ein Tipp: Für alle abgeschlossenen Versicherungen sollte man die **Notfallnummern** notieren und mit der **Policenummer** gut aufheben! Bei Eintreten eines Notfalles sollte die Versicherungsgesellschaft sofort telefonisch verständigt werden!

Die Kosten für eine ärztliche Behandlung in Thailand werden von den gesetzlichen Krankenversicherungen in Deutschland und Österreich nicht übernommen, daher ist der Abschluss einer privaten **Auslandskrankenversicherung unverzichtbar**. Bei Abschluss der Versicherung – die es mit bis zu einem Jahr Gültigkeit gibt – sollte auf einige Punkte geachtet werden: Zunächst sollte ein **Vollschutz ohne Summenbeschränkung** bestehen, im Falle einer schweren Krankheit oder eines Unfalls sollte auch der **Rücktransport** übernommen werden. Wichtig ist auch, dass im Krankheitsfall der **Versicherungsschutz über die vorher festgelegte Zeit hinaus** automatisch verlängert wird, wenn die Rückreise nicht möglich ist. **Schweizer** sollten bei ihrer Krankenversicherungsgesellschaft nachfragen, ob die Auslandsdeckung auch für Thailand inbegriffen ist. Sofern man keine Auslandsdeckung hat, kann man sich kostenlos bei **Soliswiss** über mögliche Krankenversicherer informieren.

Zur Erstattung der Kosten benötigt man ausführliche **Quittungen** (mit Datum, Namen, Bericht über Art und Umfang der Behandlung, Kosten der Behandlung und Medikamente).

Die **Reisegepäckversicherung** lohnt sich seltener, da z. B. bei Flugreisen verlorenes Gepäck oft nur nach Kilopreis und auch sonst nur der Zeitwert nach Vorlage der Rechnung ersetzt wird. Die **Hausratversicherung** deckt häufig schon Einbruch, Raub und Beschädigung von Eigentum auch im Ausland. Für den Fall, dass etwas passiert ist, muss der Versicherung als Schadensnachweis ein Polizeiprotokoll vorgelegt werden. Eine **Privathaftpflichtversicherung** hat man in der Regel schon. Hat man eine **Unfallversicherung**, sollte man prüfen, ob diese im Falle plötzlicher Arbeitsunfähigkeit aufgrund eines Unfalls im Urlaub zahlt.

› **Soliswiss**, Gutenbergstr. 6, 3011 Bern, Tel. 031 3810494, www.soliswiss.ch

› *Strand-Volleyball auf Ko Phangan*

‹ *Unterwegs im Golf von Thailand*

Praktische Reisetipps
Wetter und Reisezeit

Wetter und Reisezeit

Thailands Klima lässt sich in **drei Jahreszeiten** unterteilen: Die trockene (nicht überall!) und relativ kühle Zeit von November–Februar, die heiße Zeit bis Mai mit dem **Monsun** von Juni–Oktober. Im November und Dezember regnet es allerdings immer noch an der Südostküste, und dabei kann es recht zugig und kühl werden. Um die Golfinseln kann es zu dieser Zeit so stürmen, dass der Fährverkehr eingestellt werden muss.

Die Hauptreisesaison ist daher auch im Winter. Dezember bis Februar versprechen strahlend blauen Himmel und niedrige Luftfeuchtigkeit. Die Wassertemperaturen liegen immer zwischen 27 und 30 °C. Auch von März bis in den Mai ist das Wetter wunderbar, allerdings wird es ab April sehr heiß. Wer die Touristenmassen verpassen will, sollte zur Regenzeit anreisen. Auch ab Juni gibt es sehr schöne Tage und meist regnet es, auch wenn der Monsun wirklich zuschlägt, nur einige Stunden am Tag.

Ko Tao mit Shark Island im Hintergrund

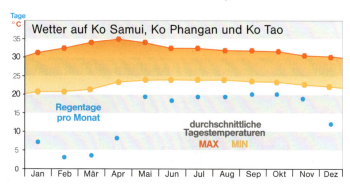

Anhang

Kleine Sprachhilfe Thai

Die folgenden Wörter und Redewendungen speziell für den typischen Reisealltag wurden dem Reisesprachführer „Thai – Wort für Wort" (Kauderwelsch-Band 19) aus dem REISE KNOW-HOW Verlag entnommen.

Lautschrift

Hier sind diejenigen Lautschriftzeichen aufgeführt, deren Aussprache abweichend vom Deutschen ist bzw. sein kann:

gk Laut zwischen „g" und „k" bzw. nicht behauchtes „k"

kh behauchtes „k" wie im Deutschen, z. B. „k" wie „Kopf"

ng nasaliertes „ng" wie in „sie sang", ein „g" ist nicht zu hören; auch am Wortanfang als ein Laut gesprochen

dj etwa wie „dsch" in „Dschungel"

s stimmloses „s" wie in „Gast"

ch stimmloses „sch" wie in „Schule" oder „tsch" wie in „Matsch"

y wie „j" in „Jäger"

dt zwischen „d" ind „t" bzw. nicht behautes „t"

th behauchtes „t" wie im Deutschen, „t" wie Tag

bp zwischen „b" und „p" bzw. nicht behauchtes „p"

ph behauchtes „p" wie im Deutschen, „p" wie „Post"

r Zungen-r-(gerollt), niemals ein Kehlkopf-r; Thais sprechen es manchmal wie ein „l" aus.

w Halblaut zwischen „u" und „w" wie das englische „w" in „water" (Wasser)

ɵ kurz und offen wie in „oft",

ɵɵ lang und offen wie in „Ort"

Töne

Der **mittlere Ton** wird neutral in der stimmlichen Mittellage gesprochen. Ein Wort in der Umschrift ohne Tonzeichen wird also immer im mittleren Ton gesprochen (s.u.).

Der **tiefe Ton** wird am unteren Ende der natürlichen Stimmlage gleichmäßig tief gesprochen. In der Umschrift wird der Selbstlaut unterstrichen.

Der **fallende Tòn** ist ein zunächst etwas ansteigender, dann scharf abfallender Ton. Er wird durch einen sich von links nach rechts neigenden Strich gekennzeichnet.

Der **hohe Tōn** wird am oberen Ende der natürlichen Stimmlage gleichmäßig hoch gesprochen. In der

Umschrift wird der hohe Ton durch einen geraden Strich über dem Selbstlaut der betreffenden Silbe gekennzeichnet.

Der **steigende Tón** verhält sich dem fallenden Ton entgegengesetzt: er fällt zunächst etwas und steigt dann von unten steil nach oben an. In der Lautschrift wird er durch einen von links unten nach rechts oben führenden Strich verdeutlicht.

Die folgende Grafik stellt die „Melodieführung" der Töne am Beispiel der Silbe **ka** dar:

—	—	⟍	⌐	⟍⟋
ka	**ka̲**	**kà**	**kā**	**ká**
mittel	tief	fallend	hoch	steigend

+++ NEU: Die wichtigsten Wörter mit dem Bonus-Audiotrack des Kauderwelsch-

Kleine Sprachhilfe Thai

Die wichtigsten Fragewörter

wo?	**thìi-nái**	ที่ไหน	wann?	**mûarai**	เมื่อไร
wohin?	**nái**	ไหน	an welchem	**wan thìi**	วันที่
warum?	**thammai**	ทำไม	Tag?	**thàorai**	เทาไร ,
wie?	**yaangrai**	อยางไร	wie lange?	**naan**	นานเทาไร
wer?	**khrai**	ใคร		**thàorai**	
wie viel?	**thàorai**	เทาไร			

Die wichtigsten Richtungsangaben

rechts	**khwáa müü**	ขวามือ	neben	**khàang-khàang**	ข้างๆ
links	**sáai müü**	ซ้ายมือ	vorne, vor	**khàang-nàa**	ข้างหน้า
geradeaus	**dtrong bpai**	ตรงไป	hinten/ hinter	**khàang-láng**	ข้างหลัง
gegenüber	**dtrong-khàam**	ตรงข้าม	hier	**thìi-nìi**	ที่นี่
genau hier	**dtrong-nìi**	ตรงนี่	dort	**thìi-nàn**	ที่นั้น
			Kreuzung	**sìi-yàak**	สีแยก

Ziffern

0	**súun**	๐	5	**hàa**	๕
1	**nüng**	๑	6	**hok**	๖
2	**sóong**	๒	7	**djet**	๗
3	**sáam**	๓	8	**bpäät**	๘
4	**sii**	๔	9	**gkàao**	๙

Die wichtigsten Floskeln und Redewendungen

Ja, stimmt.	**chài**	ใช่
Nein, stimmt nicht.	**mài chài**	ไม่ใช่
Ja, es gibt.	**mii**	มี
Nein, gibt es nicht.	**mài mii**	ไม่มี
„bitte": Angebot	**chöön**	เชิญ
auffordern	**bproot / gkarünaa**	โปรด/กรุณา
um etw. bitten	**khóo**	ขอ
um Hilfe bitten	**chùai**	ช่วย

AusspracheTrainers auf PC oder Smartphone lernen (siehe Umschlag hinten) +++

136 Anhang

Kleine Sprachhilfe Thai

Danke.	**khoop-khun khrāp/khà'**	ขอบคุณครับ/ค่ะ
Macht nichts!/ Keine Ursache!	**mài bpen rai**	ไม่เป็นไร
Guten Tag!/ Auf Wiedersehen!	**sawat-dii khrāp/khà'**	สวัสดีครับ/ค่ะ
Geht's gut? (unter Freunden)	**sabaai-dii lɔ́ö**	สบายดีเหรอ
Wie geht es Ihnen? Danke, mir geht es gut.	**bpen yangngai bàang** **sabaai-dii khrāp/khà'**	เป็นยังไงบ้าง สบายดีครับ/ค่ะ
Ich gehe jetzt!, Tschüss!	**bpai la na**	ไปละนะ
Ich (m/w) heiße ...	**phóm/di-chān chǔ̈ü ...**	ผม/ดิฉันชื่อ...
(Einladung zum Essen)	**gkin-khàao dùai-gkan māi**	กินข้าวด้วยกันไหม
Entschuldigung!	**khɔ́ɔ-thòot khrāp/ khà'**	ขอโทษครับ/ค่ะ
Viel Glück! Alles Gute!	**chòok dii nā khrāp/khà'**	โชคดีนะครับ/ค่ะ
Gibt es ...? Ich suche ...	**mii ... māi khrāp/khā'** **háa ... khrāp/khà'**	มี...ไหมครับ/ค่ะ หา...ครับ/ค่ะ
Wo kann man ... kaufen?	**sǔ̈ü ... dài thìinái khrāp/khā'**	ซื้อ...ได้ที่ไหนครับ/ค่ะ
Ich möchte bitte ... haben.	**khɔ́ɔ ... khrāp/khà'**	ขอ...ครับ/ค่ะ
Ich nehme ...	**ao ... khrāp/khà'**	เอา...ครับ/ค่ะ
Was ist das?	**nìi arai khrāp/khā**	นี่อะไรครับ/ค่ะ
Wieviel kostet das?	**nìi thàorai khrāp/khā'**	นี่เท่าไหร่ครับ/ค่ะ
Wo ist ...?	**... yṳu thìi-nái khrāp/khā'**	อยู่ที่ไหนครับ/ค่ะ
Ich möchte nach ... gehen/fahren.	**yaak-dja' bpai ...**	อยากจะไป ...

Anhang 137
Kleine Sprachhilfe Thai

Wie viel kostet die Fahrt nach?	**bpai ... thàorai**	ไป...เท่าไหร่
Wie komme ich zu/nach ...?	**bpai ... yangngai**	ไป...ยังไง
Bringen Sie mich (m/w) bitte nach ...	**chùai phaa phóm/ chān bpai ... dài māi**	ช่วยพาผม/ฉัน ไป...ได้ไหม
Können Sie mir (m/w) bitte helfen?	**chùai phóm/ chān nǫǫi dài māi khrāp/khā**	ช่วยผม/ฉันหน่อย ได้ไหมครับ/ค่ะ

Nichts verstanden? – Weiterlernen!

Ich kann kein Thai sprechen.	**phùut thai mài dàai**	พูดไทยไม่ได้
Moment, etwas langsamer bitte.	**díao chā-chāa nǫǫi si**	เดี๋ยวช้าๆหน่อยสิ
Wie bitte? Ich habe nicht verstanden.	**arai nā, mài khào-djai**	อะไรนะ ไม่เข้าใจ
Ich habe verstanden.	**khào-djai lǎǎo**	เข้าใจแล้ว
Bitte wiederholen Sie es.	**gkarūnaa phùut mai khrāp/khà'**	กรุณาพูด ใหม่ครับ/ค่ะ
Verstehen Sie?	**khào-djai māi**	เข้าใจไหม
Wie heißt das auf Thai?	**nìi phaasáa thai rìiak wàa yaangrai**	นี่ ภาษาไทย เรียกว่าอย่างไร
Können Sie (mir) übersetzten?	**bplää (hài) dài māi khrāp/khā'**	แปลให้ได้ ไหมครับ/ค่ะ
Ich möchte gerne Thai lernen.	**yaak riian phaasáa thai**	อยากเรียน ภาษาไทย
Was bedeutet „...." auf Englisch?	**„...." phaasáa angkrit bplää wàa arai khrāp/khā'**	...ภาษาอังกฤษแปล ว่าอะไรครับ/ค่ะ
Bitte schreiben Sie mir dieses Wort auf.	**chùai khíian kham nìi hài nǫǫi**	ช่วยเขียนคำ นี้ให้หน่อย

Glossar landessprachlicher Begriffe

Ao	Bucht
Ban/Baan	Haus; Dorf
Bot Kris	Kirche
Chaihat	Strand
Hat	Strand
Klong	Kanal, Wasserstraße
Krung Thep	Wörtl. „Stadt der Engel", der thailändische Name für Bangkok
Laem	Kap, Landzunge
Mae Nam	Fluss; wörtl. „Mutter des Wassers"
Nakhon	Stadt; von Sanskrit *nagara*
Nam Tok	Wasserfall
Pak Nam	Flussmündung
Phukhao	Hügel, Berg
Ruea Hang Yao	Langschwanzboot
Ruea Duan	Express-Boot
Rot Air	Bus mit Klimaanlage
Rot Thammada	Wörtl. „Normalbus"; ohne Klimaanlage
Sala	Unterstand, Ruheplatz, Pavillon
Sala Klang	Verwaltungsgebäude, Rathaus
Samlor	Wörtl. „Dreirad"; Tuk-Tuk (s. d.), aber auch Fahrrad-Riksha
Sanjao	Chinesischer Tempel
Siam	Der alte Name Thailands, bis 1939 in Gebrauch
Soi	Gasse

Songthaew	Wörtl. „Zwei Reihen"; umgebauter Pick-up-Truck, der als Nahverkehrsmittel dient
Surau	Moschee
Susaan	Friedhof
Talat/Talaat	Markt
Tha Ruea	Pier, Hafen
Thale	Meer
Tham	Höhle, Grotte
Thanon	Straße
Thanon Duan	Expressway, Schnellstraße
Trok	Gasse
Tuk-Tuk	Auch Samlor, eine Art Mini-Taxi auf drei Rädern
Wat	Eine buddhistische Tempelanlage; von Pali *vaddhu*

Bildnachweis

Die Kürzel an den Abbildungen stehen für folgende Fotografen, Firmen und Einrichtungen. Wir bedanken uns für die freundliche Abdruckgenehmigung.

ath und S. 4	Aroon Thaewchatturatt
tv	Tom Vater
fo	www.fotolia.com
Umschlag	www.fotolia.com ©Angelika Bentin

Selbstständig vor Ort – mit den Kauderwelsch Sprachführern von REISE KNOW-HOW!

Thai – Wort für Wort
M. Lutterjohann
978-3-89416-457-7
192 Seiten | Band 19

Mit QR-Codes, um ausgewählte Redewendungen auf dem Smartphone anzuhören

7,90 Euro [D]

Aussprachetrainer (Audio-CD)
978-3-8317-6009-1
7,90 Euro [D]

www.reise-know-how.de

Register

A

Angebote 120
Ang-Thong-Meeres-
nationalpark 1, 49
Anreise 102
Antiquitäten 95
Ao Bang Kao 48
Ao Bang Po 30
Ao Ban Khai 67
Ao Chalok Ban Kao 85
Ao Chalok Lam 59
Ao Hin Wong 81
Ao Luek 83
Ao Muang 81
Ao Nai Wok 55
Ao Si Thanu 57
Ao Tanot 82
Ao Thien Ok 84
Ao Thong Krut 47
Ao Thong Nai Pan 61
Ao Wok Tam 55
Arzt 115
ATV 15
Ausfuhr-
beschränkungen 96
Auslandskranken-
versicherung 131
Ausrüstung 102
Ausweisverlust 118
Autofahren 103
Auto mieten 103
Autor 3

B

Baden 11
Bananenboote 14
Banken 109
Ban Nathon 25
Ban Tai 67
Barabhebung 110
Barrierefreies Reisen 104
Benutzungshinweise 7
Betäubungsmittel 121
Bier 91
Big Buddha 2, 35

Big Buddha Beach 35
Bootfahren 13
Büffelkampfarena 26
Bungee Jump 40

C

Canopy Adventures 31
Chaweng 38
Chaweng Box Stadion 38
Chaweng Noi 42
Chaweng Yai 38
Chumphon 16
Chumphon Pinnacle 1, 13
Coco Splash Waterpark 43

D

Dekompressions-
kammer 13
Devisen-
bestimmungen 107
Diebstahl 120
Diplomatische
Vertretungen 104
Drogen 122
Drogenwarnung 68

E

Edelsteine 95
Einfuhr-
beschränkungen 107
Ein- und Ausreise-
bestimmungen 104
Elektrizität 108
Essen 88

F

Farang 116
Feiertage 88
Feste 88
Film 109
Filme 107
Fisherman's Village 32
Folklore 88
Foto 109
Fotografin 3
Frauen, alleinreisende 121
Frauenboxen 43

Fremdenverkehrsamt 114
Full Moon Party 64
Fußball-Golf 37

G

Geldfragen 109
Geld überweisen 110
Geschichte 98
Gesundheitsvorsorge 112
Getränke 91, 93
Gewichte 115
Golf 15
Großmutter- und
Großvaterfelsen 47

H

Haad Bo Phut 32
Haad Choeng Mon 36
Haad Phangka 27
Haad Rin Nai 66
Haad Rin Nok 1, 64
Haad Sai Daeng 2, 83
Haad Sai Nuan 79
Haad Sai Ri 77
Haad Taling Ngam 27
Haad Thong Sai 36
Haad Thong Son 36
Hat Bang Rak 35
Hat Kuat 60
Hat Salad 57
Hat Thian 63
Hat Thong Nai Pan Noi 61
Hat Thong Nai Pan Yai 61
Hat Yao 57
Hat Yuan 63
Helm 103
Hin-Lad-Wasserfall 26
Hin Ta 47
Hin Yai 47
HTMS Sattakut 13
Hundeinsel 57
Hygiene 113

I/J

Imitate 96
Informationsquellen 114
Infostellen 114

Anhang
Register

Internet 115
Jetski 14

K
Kajak 14
Kameras 107
Karten 103
Kartensperrnummer 118
Kateoys 119
Khao Ra 58
Kinder 117
Kitesurfen 13
Kleidung 102
Kokosnusspalmen 72
Kokosplantagen 24
Ko Maa 57
Ko Nang Yuan 85
Ko Phangan 52
Korallen 97
Korruption 121
Ko Samui 24
Kosten 111
Ko Tao 13, 72
Krankenhaus 116
Krankheiten 112
Kreditkarten 110
Kriminalitätsrate 119
Küche 67

L
Ladyboys 119
Laem Je Ta Kam 79
Laem Thian 81
Lamai 43
Land des Lächelns 126
Land kaufen 28
Langschwanzboote 86
Langzeitaufenthalt 106
Lautschrift 134
Lesben 119
Literaturtipps 115
Luang Pho Daeng 48w

M
Mae Haad 72
Mae Hat 59
Mae Nam 31

Maestro-(EC-)Karte 110
Magic Alambic
   Rum Distillery 48
Majestätsbeleidigung 127
Maße 115
Medien 114
Medizinische
   Versorgung 115
Mehrwertsteuer 96
Mekhong 91
Minigolf 15
Mönche 127
Mondkalender 88
Monkey Theatre 33
Motorradverleih 103
Muay Thai 38
Muay Thai Box Stadion 43

N
Nachtmärkte 94
Nachtmarkt
   von Thong Sala 2, 53
Na-Muang-
   Wasserfälle 2, 45
Natur 96
Notebooks 107
Notfall 117
Notfallnummern 131
Notruf 117

O
Öffnungszeiten 118
Outdooraktivitäten 11

P/Q
Paradise Park Farm 28
Phra Yai 2, 35
Pinnacles 12
Polizei 103, 121
Post 119
Prostitution 123
Publikationen 114
Quad 15

R
Radfahren 15
Red Baron 34

Re-Entry Permit 106
Reis 88
Reisebüros 120
Reisezeit 132
Restaurant 92
Rückreise 102, 107

S
Sail Rock 13
Samui Aquarium 43
Samui Crocodile Farm 32
Samui Gokart 32
Samui Namuang ATV
   Park 44
Samui-Regatta 14
Samui Waterball 33
Save Ko Tao 80
Schildkröteninsel 72
Schlangenfarm 28
Schmuck 95
Schnaps, weiße 91
Schnorcheln 12
Schwule 119
Segeln 13
Shopping 94
Sicherheit 119
Sicherheitsregeln 121
Sondergenehmigungen 96
Southwest Pinnacle 13
Speisen 93
Sprache 123
Sprachhilfe 134
Sprachhilfe Thai 134
Straßenstände 92
Sunrise Beach 64
Sunset Beach 66
Surat Thani 19

T
Tauchen 12
Tauchgründe 72, 97
Tauchunternehmen 25
Telefonieren 124
Tennis 15
Textilien 94
Thai-Boxen 16
Than Sadet 62

Register

Than-Sadet-
  Nationalpark 62
Thong Sala 53
Thong Yang 27
Tiger Zoo 43
Töne 134
Touren 124
Tourist Authority
  of Thailand 114
Touristeninformation 114
Transport 50, 69, 86
Trekking 58
Trinkgeld 125

U
Überfälle 121
Uhrzeit 125
Unterkunft 125

V
vegetarisch 90
Verhaltenstipps 126
Verkehrsmittel 127
Verkehrsmittel,
  öffentliche 120
Verlust
  von Geldkarten 118
Verlust
  von Reiseschecks 118
Versicherungen 131
Visaverlängerungen 105
Visum 104

W
Walhai 77
Wandern 15
Wasserski 14
Wassersport 11
Wat Khunaram 48
Wat Kiri Wongkaram 28
Wat Phra Yai 35
Wat Plai Laem 1, 37
Wechselkurse 109
Wellenreiten 13
Wetter 132
Whisky 91
Windsurfen 13

Schreiben Sie uns

Dieses Buch ist gespickt mit Adressen, Preisen, Tipps und Infos. Nur vor Ort kann überprüft werden, was noch stimmt oder was sich verändert hat. Unsere Autoren sind zwar stetig unterwegs und erstellen alle zwei Jahre eine komplette Aktualisierung, aber auf die Mithilfe von Reisenden können sie nicht verzichten.

Darum: Schreiben Sie uns, was sich geändert hat. Wenn sich die Infos direkt auf das Buch beziehen, würde die Seitenangabe uns die Arbeit sehr erleichtern. Gut verwertbare Informationen belohnt der Verlag mit einem Sprechführer Ihrer Wahl aus der über 220 Bände umfassenden Reihe „Kauderwelsch".

Bitte schreiben Sie an:
Reise Know-How Verlag Peter Rump GmbH, Postfach 140666, D-33626 Bielefeld, oder per E-Mail an:
info@reise-know-how.de
Danke!

Anhang 143

Mit PC, Smartphone & Co., Zeichenerklärung

Mit PC, Smartphone & Co.

Unsere **kostenlosen Begleitservices** unter www.reise-know-how.de (auf der Produktseite dieses Titels):

★ **Alle Ortsmarken des Buches unter Google Maps™:** Springen Sie im Internet direkt aus unseren thematischen Listen an den genauen Punkt auf der Karte. Luftbildansichten, Fotos und die Streetview-Funktion zeigen ein genaues Bild des Objektes und seiner Umgebung. Weitere Funktionen wie Routenplaner und Verkehrsplan erleichtern die Orientierung vor Ort.

★ Smartphone-Nutzern empfiehlt sich der direkte Aufruf dieses Online-Kartenservices als Web-App unter: http://it-samui.reise-know-how.de

★ **Faltplan als PDF mit Geodaten:** Nach dem Speichern auch mobil nutzbar auf allen Geräten mit PDF-Reader. Der aktuelle Acrobat Reader™ stellt Zusatzfunktionen für die Geodaten bereit. Für iPhone/iPad empfiehlt sich die App „PDF Maps" von Avenza™.

★ **GPS-Daten aller Ortsmarken:** einfacher Import in GPS-Geräte, Navis und Geosoftware auf PCs und mobilen Geräten

★ **Kapitel „Praktische Reisetipps" als kostenloses PDF:** Nach dem Speichern auch mobil nutzbar auf allen Geräten mit PDF-Reader. Darüber hinaus kann das Buch insgesamt oder eine persönliche **Auswahl einzelner Seiten als PDF käuflich erworben** werden.

★ NEU ★ CityTrip als App: Installieren Sie den **Reise Know-How Guide Store** aus dem iTunes Store bzw. Google Play Store und erwerben Sie buchbegleitende CityTrip-Apps mit vielen nützlichen Funktionen für die mobile Nutzung.

Zeichenerklärung

⓫	Sehenswürdigkeit
[D6]	Verweis auf Planquadrat
❄	Aussicht
	Burg, Schloss
△	Camping
	Denkmal
◈	Flughafen
	Golfplatz
▲	Höhenpunkt
⋂	Höhle
	Kirche, Kloster
✚	Krankenhaus
	Leuchtturm
☪	Moschee
M	Museum
	Reiten
★	Sehenswürdigkeit
	Sendeturm
	Strand
	Surf-Spot
	Tankstelle
	Tempel
	Tiergehege
	Windmühle
↑	Windrad

Bewertung der Attraktionen

★★★	auf keinen Fall verpassen
★★	besonders sehenswert
★	Attraktion für speziell interessierte Besucher

Ko Samui, Ko Phangan, Ko Tao

0 — 10 km
© Reise Know-How 2013

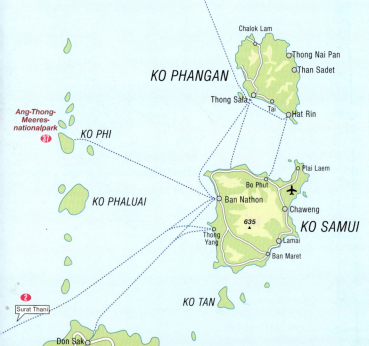